JN100999

80歳からの人生の楽しみ方

いまこそ「自分最良」の夢を生きよう!

櫻井秀勲
Hidenori Sakurai

きずな出版

はじめに

80歳が見えてくると、つい人生の終わりを考えてしまう。しかし——

「まだまだ終わりませんよ」

というのが、この本で私があなたに伝えたいメッセージです。

私は今年、令和2年で89歳になります。

「80歳」になったときには、もう人生で驚くようなことはないだろうと思っていました。それまでに、たいていのことは経験していたつもりでしたから、よくも悪くも、こうして人生は静かに終わっていくのだろうと思っていたのです。

80歳を迎えようとしている、あるいは、すでに迎えられたあなたも、そんなふうに感じているのではありませんか。

けれども、「そんなことはなかった」というのが、いまの私の結論です。

私がちょうど80歳になったばかりの、２０１１（平成23）年3月11日に東日本大震災が起こりました。そのとき私は東京のオフィスにいて、お客と話をしていました。東京は震度5強と発表されていますが、最初の揺れはそれほどでもなかったのか、私は話に夢中で、地震に気づかなかったほどです。

それでも、ふだんなら30分もかからないところを3時間もかかって帰宅しました。自宅の書斎は本棚が倒れ、以後満足に使えませんでした。

テレビで見た被災地の様子には驚愕し、被災された方たちの心痛、ご苦労は察するに余りあるものがありました。

連日、地震速報が流れ、関東でも一部の地域では計画停電が実施されました。

実際の被害に遭ったというわけではなかったとしても、元の生活に戻るまでには時間がかかったという人は少なくないはずです。それこそ、幼い頃に体験した敗戦当時を思い出した人もいたかもしれません。

じつは、このとき私は、新しい事業を始める計画を立てていました。といっても、まだ漠然としたものでしたが、東日本大震災が起きたことで、その計画を見直さざるを得なくなったのです。

そうして方向転換して決めたのが、出版社を起こすということでした。

私は大学を出て、出版社に入りました。文芸誌の編集者を経て、創刊当時の週刊「女性自身」の編集部に配属されました。31歳で最年少の編集長になり、その発行部数を毎週１００万部超まで伸ばすことができました。55歳で独立してからは、編集者から書き手にまわって、著作は、80歳の当時も２００冊近くになっていたと思います。私の人生はまさに出版界にあり、出版界によって育てられたといっていいでしょう。

けれども、ビジネスを起こすなら、出版でないほうがいい、と当時は考えていました。出版不況が長く続いていたこともありますし、何より出版の厳しさは身にしみて知っています。それに、「なにか始めるなら新しいことのほうがいい」という気持ちが私にはありました。それでも結局、出版社をつくることにしたのは、それが運命だったからかもしれません。

当時の私のまわりには、若い優秀な作家たちが多くいました。出版社をつくることで、その人たちの力になれることもあるんじゃないかと思いました。逆に、その人たちの力を借りて、少しでも出版界を変えていくこともできるんじゃないかとも思いました。

そうして、「きずな出版」を起ち上げたわけです。

「そんなことは、あなただからできたんですよ」

といわれそうですが、私はそうは思いません。

たしかに、出版社を起こしたり、会社を起こしたりというのは、たまたま私のそれまでの経験と人脈があったからだと思いますが、「経験」や「人脈」は、あなたも持っているはずです。

「そんなものはありません」

「昔はあったけど、いまはなくなりました」

といわれるかもしれませんが、それこそ勘違いです。

あなたにも、これからの人生に生かせる「経験」と「人脈」があります。

「経験」とは、これまでに自分がしてきたことです。

仕事だけでなく、家事や子育て、介護、地域活動などなど、それを通して身につけたスキルや情報を持っています。

たとえば子育てをした経験がある人は、子どもを見て、何歳くらいかがわかるでしょう。それは知らず識らず、過去に得た情報から見当をつけているわけです。

介護をしてきた人は、病人の気持ちや生活、病気や病院、治療法について、わかっていることが多いのではないでしょうか。

もちろん仕事を通して得たことも、たくさんあるでしょう。

「それなら、やったことがある！」

「それなら、見たことがある！」

というのが「経験」です。私でいえば、文章を書くことならいくらでもできますし、人に会うことならお手のものです。

「経験」のいいところは、たとえ成功であれ失敗であれ、それがある場合には、再チャレンジしやすい、ということでしょうか。

「自分には何の経験もない」という人は、もう一度、自分のこれまでを振り返ってみましょう。私の経験では、80歳を迎えようとする人で、何の経験もないという人はいません。

「経験はあっても、人脈はありません」というあなたにも、じつは「人脈」があることを思い出していただきたいのです。

そもそも「人脈」とは何でしょうか？

自分より上位で、なにかお金につながるようなことを紹介してくれる人？

自分に有利な人や仕事を紹介してくれる人？

たしかに、その通りです。

でも、それだけではありません。

人脈は、人と人とのつながりです。

友達がいたら、その人が人脈になることもあります。あるいは行きつけの飲み屋のおやじが、びっくりするような人脈につながることもあるものです。

でも、たいていの人は、友達と人脈は別物だと考えてしまいます。

友達というのが利害関係のない間柄であるとしたら、人脈は、利害関係しかないようなイメージがあるからでしょうか。

友達や周囲の人たちを、もう一度見直してみましょう。

昔からの茶飲み友達も、見方を変えたら、ある世界ではパイオニア的な存在だったとか、すごい経験の持ち主だったとか、ということがあります。たとえ華々しいことがなくても、一つの仕事を50年以上続けてきた、という人もいるでしょう。そういう人たちが、あなたの有力な人脈になるのです。

人脈になる人は同性、同世代とは限りません。いまは女性でも、第一線で活躍している人も多いのです。年上だけでなく、若い人の中にも、あなたの有力な人脈になる人がいます。現在、私の有力な人脈は男女を問わず、全員年下です。

その人たちとつながることで、自分の世界が広がり、自分にできることが見つかったりします。

それが私にとっては、出版社をつくることにつながりました。

「80歳」といえば、もう先は見えている、と思っていませんか?

「いまさら新しいことを始めるなんてできない」

「始めようにも、お金もなければ人もいない」

「いまの生活を保っていくだけで精一杯です」

「この年になったら、何もしないのが一番の幸せではないでしょうか」

いろいろな声が聞こえてきそうですが、本当にそうでしょうか。

いまの時代は、むずかしい問題はあるにしても、それでも私は「いい時代」だと思っています。

私が子どもの頃には、若い人には信じられないでしょうが、町には牛車が走っていました。その荷台に乗って、小学校に通った経験があります。自動車や馬は戦争で、外地にまわされてしまったからです。戦中戦後は食糧が配給制であり、いつもお腹をすかしていました。

それが今はどうでしょう。誰もがスマホを持って、誰とでもつながり、最近はスマホに話しかけるだけで、電化製品も動かせるようになりました。それこそ、未来に描いた夢の世界が実現しているわけです。

せっかく長生きしたのですから、「もう、おしまい」といわずに、もう少し、この世の新しい世界を楽しみませんか。

それには、時間の使い方を見直すことです。私は毎晩、午前3時まで起きていて、人よりも長く人生を使っています。

あなたはこの1日、1週間、1ヶ月、1年を、どんなふうに過ごしましたか？

1日は長くても、1年は速い、ということがあります。

何もしなくても時間は過ぎていきます。

逆にいえば、何をしても時間は過ぎていきます。

どうせ時間が過ぎていくのだとしたら、何かをしたほうがトクじゃないですか？

少なくとも、何もしないより、はるかに面白そうです。いや実際、面白いのです。

「人生はまだまだ終わらない！」

そう思って、本書を読んでいっていただけたら、あなたの若さはまだまだ、続くでしょう。

櫻井秀勲

80歳からの人生の楽しみ方【目次】

第2章 いまからこそ数字に強くなろう

第3章 元気と情熱で可能性を広げよう

第4章

出会いと縁でチャンスをつかもう

第5章

まだまだやれる自分を実感しよう

第6章

追い立てられる人生は返上しよう

第7章

いくつになっても教養を磨こう

第8章

100歳現役を実現しよう

おわりに

80歳からの人生の楽しみ方

いまこそ「自分最良」の夢を生きよう！

第1章

常識をはずして自分に挑戦しよう

年相応の生活はしない

80歳になったら、80歳なりの生活があるものです。

30代や40代の頃と同じようにはいかない、ということはあるでしょう。

同じようにしたいと思っても、からだがいうことをきいてくれない、ということもあります。

いつのまにか、目は見えにくくなり、足元がおぼつかなくなり、なにか聞かれても聞き取りにくくなっているでしょう。私もそうです。

そうなると、生活の仕方も、知らず識らず、変わってくるものです。

外に出たり人と会ったりすることが億劫になり、家の中でぼんやり過ごすことが多くなります。

昔であれば、孫の相手をするなど「おじいちゃん」「おばあちゃん」の役割もありましたが、いまは核家族どころか、単身世帯が増えて、夫婦ふたりだけ、もしくは一人だけで暮らしているという人がほとんどです。

この本ではタイトルの通り、80歳からの人生の楽しみ方について書いていきますが、まずは、「おじいちゃん」「おばあちゃん」になることをやめましょう。

私の名前は櫻井秀勲（さくらいひでのり）です。孫にとっては「おじいちゃん」でも、それ以外の人からは「櫻井さん」でいいわけです。

年をとると、勝手に「おじいちゃん」「おばあちゃん」と呼ばれることがありますが、それには返事をしないことです。

社長さんは、「社長」と呼ばれることで社長らしくなっていく、ということがあります。それはよいことですが、「おじいちゃん」「おばあちゃん」と呼ばれていくと、返事の仕方だけでなく、表情も動作も、それらしくなってしまうものです。

私の知っている介護士さんで、お世話している方に声をかけるときには、必ず名字か名前で呼ぶという人がいます。年長者への敬意を表して、それを心がけているそうですが、彼女のような人に世話をしてもらえる人は幸せです。

「おじいちゃん」「おばあちゃん」と呼ぶ人が悪いというのではありません。実際、年をとったのですから、そう呼ばれても仕方がありません。

でも、それにあえて「NO」と意思表示してみるわけです。

「おじいちゃん」としてではなく、「櫻井秀勲」として生きていく。

大げさな言い方のようですが、でも、それを意識するだけで、背中がピンと張るような気持ちになります。

80歳になったからといって、80歳らしくすることはないのです。

何歳になっても、自分らしくあることが一番です。

若い人の生活や流行に無理に合わせる必要がないのと同様に、80歳だからといって、老人生活になることもないわけです。

できないことを数えない

年をとっても気持ちだけは若い頃とは変わっていない、という人は多いでしょう。私自身、89歳になろうとしている今、まさか自分がこんな年齢まで生きるとは思ってもいませんでした。それだけに、自分の年齢も、自分の存在感も、自分では実感できていないのです。

けれども、耳には補聴器をつけていますし、最近では白内障の手術も受けました。白内障は、目の水晶体が混濁(こんだく)して見えにくくなる病気ですが、70歳以上になると、男女とも罹患(りかん)する可能性が高くなります。この本を読んでくださっているあなたも、「手術をしてよくなりました」ということがあるかもしれません。

白内障の手術をする前と後では、こんなにも見える世界が違うのかと、それこそ目をこすって二度見するほどで、いまとなっては、もっと早く手術をしたほうがよかったかと思っています。

補聴器は、じつは、とても抵抗がありました。それをつけるだけで年寄りになってしまうイメージがあったからです。

けれども、私はもともと、子どものときから中耳炎で右耳が聞こえにくく、80歳になろうとしていたときには、若い人たちと話をしていても聞き取れないことが多くなりました。

若い人は、早口だったり、声が小さかったりします。そうなると、話しかけられているのに気がつかず、無視をしたり、まったく関係のない話をしたりしてしまうことになります。

おそらく周囲の人たちは、「年をとっているから仕方がない」と思っていたでしょうが、そんなことで「年寄り」として追いやられるのは屈辱（くつじょく）です。

ところが、補聴器をつけてみると、白内障の手術同様、それまでが嘘のように、よく聞こえるのです。誰とでも、普通に話ができます。

それに、いまはいい補聴器ができていて、装着しても、まったく気づかれないほど、小さくて性能のいいものがあります。

80歳になったら、文明の利器には頼るべきです。昔だったら、それを望んでも手に入らないような便利なものが、いまはいろいろあります。スマホが象徴的ですが、私の補聴器や白内障の手術も、やはり今の時代だからこそ、こんなに簡単に享受(きょうじゅ)できたのだと思うのです。

からだの老化は、どうしても防げません。昔だったら何でもないことが、できにくくなるというのは、しょうがないことなのです。

でも、だからといって、それを数え上げても仕方ありません。できないことはできないうえで、それにかわる方法を考えていきましょう。

私の場合はできるだけ歩くこと、セミナーなどで長時間、立ちつづけて話すことです。これによって私は、ほかの80代の人たちより、はるかに元気で丈夫です。

自分と同じ年の頃の親と比べない

「私の祖母は、私が子どもの頃には、もう、どこから見ても〝おばあちゃん〟でしたが、考えてみると、いまの私よりもずっと若かったんですよ」

私のビジネスパートナーの岡村季子さんは、まだ50代ですが、ある日、こんなことをいいました。

私は55歳になるときに会社をやめて独立しました。なぜ、そのときだったかといえば、当時の一般的な定年が、55歳だったからです。

いまは定年は60歳、65歳と延び、数年後には70歳になっていることでしょう。それは寿命が延びているからともいえますが、その年齢になっても、元気な人が多いというのが一番の理由ではないでしょうか。いまは「マイナス15歳」の時代といわれています。昔の55歳と現代の70歳は、同じなのです。

岡村さんのおばあちゃんに限らず、50年くらい前には、50代といえば、もう老人として扱われていました。

もちろん、なかには若々しい人もいたでしょうが、たいていは、老人らしい服装や髪型をしていました。50歳を過ぎて、たとえばピンク色の服を着るなどという人は、滅多にいなかったのです。

ところが今はどうでしょうか。好みはあるでしょうが、その年代の女性で、ピンク色の服を一枚も持っていないという人のほうがめずらしいかもしれません。

それだけ、年齢よりも若くなったというのは、誰もが認めることでしょう。

私も、いつのまにか亡くなった母親に近い年齢になりました。

明治生まれの母の80代は、「おばあちゃんと呼ばないで」といわれても、「そう呼ぶしかないじゃないか」といいたくなるほど、普通のおばあちゃんでした。

自分が年をとって、親に似てきたことを痛感する人も多いでしょうが、だからといって、親と同じように暮らす必要はありません。

時代は大きく変わったのです。

いまの時代は、年齢に関係なく、自分の好きなファッションを楽しめます。女の子はピンク、男の子はブルーとは決まっていません。孫たち、ひ孫たちの世代は、髪の色やスタイル、ファッションでは、男女の区別をつけられないほど自由になりました。一世を風靡(ふうび)した野球投手の桑田真澄氏の次男Ｍａｔｔは、まるでハーフです！　それも高音の美声です。男の子であっても、アクセサリーをつけたり、化粧とまではいかなくても、眉毛を整えたり、ということは、いまは普通です。

親の生きていた時代は、老人は老人らしい生活が維持できたともいえますが、いまは多様化して、それぞれの暮らし方があります。

その意味では、いまの私たちの暮らし方が、これからの「老人」いや「高齢者」の見本となっていくともいえます。それを意識していきませんか。

自分の年齢は忘れてもいい

「あなたは何歳ですか?」

そう聞かれて、すぐに答えられないことがあります。

すわ認知症かと思われるかもしれませんが、そうではありません。

私たちは、ふだん、それほど自分の年齢を意識しているわけではないでしょう。だから、突然、年を聞かれると、はて87歳だったか、89歳だったかわからなくなることがあるわけです。「わからない」というより、「すぐに出てこないだけ」というほうが正しいでしょう。

80歳を過ぎたら、自分の年齢がすぐに出てこないくらいでちょうどいい、と私は思っています。

1歳や2歳の違いはたいした差ではないし、開き直るなら、「それがどうした」ということです（べつに開き直る必要もないですが）。

ところで、じつは私は「80歳」になるのを長年、拒否してきました。

80歳になったとき、

「79＋1歳」

ということにしました。

私は会社の名刺以外に、遊び用としての名刺を持っていますが、それにもその年齢を入れています。なので、88歳の名刺には、「79＋9歳」としています。

私が80歳になった2011年の、日本人男性の平均寿命は約79歳でした。

つまりは、「これからはオマケの人生だ」と考えたのです。

平均でいけば、死んでいてもおかしくない。それが元気に過ごせているわけです。88歳の今でいえば、「＋9歳」もトクをしている。前では「拒否してきた」と書きましたが、正確には「拒否」ではなく、その後にいただけた時間への「感謝」の気持ちもありました。

でも、それだけ年齢にこだわっていた、ともいえるかもしれません。

大事なことは、「80歳」という年齢にとらわれないことではないでしょうか？

「80歳になったら○○できない」

「80歳だから○○できない」

そんなふうに決めてしまうのが、一番もったいないと思います。

したいことがあるなら、何歳であっても挑戦してみることです。

少なくとも、年齢だけを見て「できるはずがない」と考えるのは早計です。

年齢は関係ありません。前にも書いたように、いまはマイナス15歳の時代なのです。

そうであれば、現在の年齢は忘れていいのです。

自分の年齢を忘れるくらい打ち込めることを見つけられたら、それこそ80歳からの人生を、存分に楽しんでいけるでしょう。

若い人に遠慮しない

「老いては子に従え」という、ことわざがあります。

年をとったら出すぎず、若い人のいうことを聞かなくてはならない――という

ことですが、何でも若い人に従わなければならないということではありません。

このことわざのもともとは、古代中国の教えといわれ、夫を亡くした女性に向

けてのものでした。

「子に従え」の「子」とは、文字通り、自分の息子や娘、あるいは嫁のことで、若

い人全般を意味するものではなかったのです。

日本にも古くは「しゃもじ権」というものがあり、姑が隠居(いんきょ)する際には、それ

まで使っていた「しゃもじ」を嫁に渡す、つまり家事については、以後、口を出

さない、という生活習慣がありました。

それはともかく、自分が「年をとったな」と思ってしまうと、どうしても若い人に対して遠慮する気持ちが芽生(めば)えます。

仕事の現場や、家族の中で、内心では「ちょっと違うんじゃないか」と思っても、自分を抑(おさ)えてしまうのです。

「若い人がいうんだから、それが正しいのだろう」とむりやり考えて、口をつぐんでしまいます。あなたも、そんな経験があるのではないでしょうか。

反対に、「負うた子に教えられて浅瀬を渡る」ということわざもあります。

それこそ、「ときには自分より経験の浅い者や年下の者から正しいことを教わることもある」というもので、私自身、若い人たちと話をしていて、このことわざの通りに感じるときもあります。

どんな相手でも、あるいはどんなことでも、絶対に自分だけが正しい、ということはありません。逆に、自分のほうが間違っている、とも限らないのです。

ときには、若い人に花を持たせるのもいいでしょう。それも年長者の役割の一つです。でも、相手のいうことを、「最新の情報、知識を持つ若い人のいうことだから」として鵜呑みにするのはいかがなものでしょう。「若気の至り」ということもあります。

それより何より、相手と真剣につき合うことです。

どちらが上、下ということに関係なく、若い人たちの話に出てくる「知らない言葉」や「わからないこと」は、率直に教えてもらいましょう。

そうして、譲ってもいいところでは譲り、納得のいかないときには、それを伝えることです。伝えれば、わかってもらえることもあれば、また相手の話を聞いて、納得できるかもしれません。

80歳になったら、誰にも遠慮はいりません。自分を出すことと、自分を通すことは、また別の話です。自分をただ引っ込めてしまうのは、つまらないと私は思うのです。

年齢で相手を見下さない

若い人を必要以上に持ち上げることはありませんが、それとは反対に、自分が年長者であるというだけで相手を見下す、というのもよくありません。

私は、たとえ相手が自分より地位も年齢も下の人であっても、言葉を換えないことが大事だと思っています。

私は女性に対して、自分のことを「俺」「オレ」という男性は信用しません。「俺」というのは砕(くだ)けた表現です。男同士で、親しい間柄では構いませんが、相手に敬意をもって接する場合にはふさわしい表現とはいえません。

女性と話をするときには、男性は「私」や「僕」「ボク」を使うべきです。私は女性学の専門家であったせいか、「俺」という自己表現を1回も使ったことはありません。

それと同様に、年下の男性に対しても、同じような気持ちで接することが大切です。

若い人は、誰でも未熟な面があります。まだ成長過程にあるわけですから、それは当然のことです。私たちも、そうして経験を積んできたのではなかったでしょうか。しかし、ある面では、年長者よりもずっと優れた面を持っていることも否定できません。

たとえば、インターネットやスマホ、ＳＮＳのことなどは、私はいくら説明を受けてもわからないことが多いのですが、彼らはいとも簡単に、それを理解して、自分のものにすることができるのです。

まさに、そのスキル（技術）は尊敬に値します。

年齢に関係なく、誰にも得意なこともあれば、不得意なこともあります。

だから、相手を年齢だけで見下すことを、私はしてきませんでした。

ゴールを自分で設定しない

「80歳になったら、もう仕事はできない」

そう考える人は少なくないでしょう。

私はまもなく89歳になろうとする今も働いているわけですが、人によっては、それを「よほどお金に困っているのだろう」と思うこともあるようです。

それだけ「働く」というのは、「できればやりたくないこと」なのかもしれません。

けれども、私にとって「働くこと」は、生きることそのものです。

たぶん、死ぬ直前まで働いていると思いますし、死の床となるベッドでも原稿を書けなければ、生きていても仕方がないとさえ思うほどです。

そういう私からすると、「定年」というのは、じつはピンとこないところがあります。もちろん会社の制度で、その会社を卒業する意味での「定年」というのは理解できます。

だから、「定年」は一つのゴールということはできるでしょう。

私は女性誌の編集長という立場もあり、芸能人や作家たちと懇意の銀座のクラブに出入りしていた時期がありました。当時の店には客の定年というものがあり、私は60歳でママたちから定年をいい渡されました。

これはとてもいい制度で、「それ以後はムダな出費をしてはいけませんよ」というものです。社長や一流作家はともかく、「使われている側はゴールをつくりましょう」という思いやりでもあります。

このように、人生のゴールは一つとは限りません。いろいろな定年があるものです。

80歳になったあなたなら、何度かのゴールを経験しているでしょう。そして、もういいかげんに、新しいスタートはないと思っているかもしれませんが、そんなことはありません。

「四十、五十は洟垂れ小僧
六十、七十は働き盛り
九十になって迎えが来たら
百まで待てと追い返せ」

これは、2024年度から1万円札の肖像画になる澁沢栄一の言葉ですが、人生100年時代、まだゴールを決めるのは早すぎると思いませんか。

第2章

いまこそ数字に強くなろう

数字から逃げない

勤めているときには、数字を見ない日はなかったという人でも、いったん仕事を離れてしまうと、それほど数字を意識しないでも毎日は過ぎていきます。

たまに、なにかの書類やデータを見るような機会があっても、数字を見ただけで、「わからない」と決めつけてしまう人もいます。

年を重ねると、記憶力が衰（おとろ）えますが、それとともに、数字にも弱くなっていく傾向があるようです。

でも、それは、そう思い込んでいるだけではないでしょうか。

私の兄は、数学の教師でした。一時期、教科書の監修にも関わっていて、私のいた高校では、その教科書が使われていたことがあります。

そして私は、当時、数学の先生から、「こんな問題も解けないようでは、お兄さんに申し訳が立たないんじゃない?」とからかわれるほど、数学が苦手でした。ただし後に、週刊誌の編集長になったときには、「編集長」ではなく「編数長」といわれるほど、私は数字をつくることでは力を発揮しました。

そのことは私の自信になっていて、いまでも、数字をつくる力は衰えていないと自負しています。

記憶力は、昔に比べれば落ちてしまいましたが、計算することは決して嫌いではありません。それが、ボケ防止にもなっているような気がします。

数字は、0から9までしかありません。たとえ億単位でも、たったの9ケタです。

ふだんの生活で出てくる数字というのは、落ち着いて見れば、わからないものはないはずです。そう思って、数字とつき合っていきましょう。

最低の生活費を知っておく

今日一日で、あなたはいくらのお金を使いましたか？
これは、節約しましょう、という話ではありません。
自分が生活するうえで必要なお金というのは、いちばん身近な数字です。

・コンビニで買った弁当はいくらか？
・スーパーマーケットで買った卵はいくらだったか？
・ドラッグストアで買ったトイレットペーパーはいくらか？

買うときに記憶して、帰ってから、いくらだったかを思い出してみましょう。

覚えていなくても、レシートに答えが書いてあります。

レシートを見なくても、値段がスラスラいえたら、たいしたものです。

たとえ、「家に帰ったら全部忘れていた！」としても、それでいいのです。

数字が身近にあること、数字に慣れることで、「数字」に強くなっていきます。

仲間内でコーヒーを飲んで「割り勘にしよう」となっても、ちゃんと計算できるのです。

できれば、そのお金をほかの仲間たちより、早く出すことです。割り勘のお金をなかなか出さない人がたまにいますが、モタモタしていると、出し渋っていると思われてしまうかもしれません。そう思われないためにも、計算に強くなっておくことです。

キャッシュレスの時代になって、支払いはすべてクレジットカードですませているという人も多いかもしれません。その場合には、1ヶ月ごとに明細が出ます。

私の若い友人は、それを家計簿がわりにして、その月の支出を把握（はあく）するそうです。一覧を見るだけで、その月を振り返ることにもなります。

「数字はよくわからない」となると、そんな明細を見ることもないかもしれません。それでは、万が一、なにか間違いがあっても気づくこともできないわけです。

大切なお金を管理することでも、数字に強くなっておくのはとても大切です。

ただしケチになるのはソンです。

仲間から爪（つま）はじきされる危険性があるからです。

誘われなくなった時点で、老いは一挙に早まります。

念のため数字に強くなる一つの方法として、外出の時間やテレビ番組の時間などを記憶したり、書き留めておくことがあります。たったこれだけで、金銭感覚は鈍（にぶ）くなりません。

あるいは仕事が少なくなっても、手帳を持つことです。この手帳を毎日見ているだけでも、その一年は鈍くならないと思います。これを毎年、繰り返すことです。

まだまだ稼げる人間になれる

80歳近くになったら、「稼ぐことは考えなくなった」という人は多いのではないでしょうか。

年金生活に入って、

「その給付額の中で、なんとか生活していかれればいい」

「稼げるなら稼ぎたいですが、そんなことは無理でしょう？」

そんなふうに思っているのではありませんか。

たしかに、定年の後、アルバイトや嘱託（しょくたく）などで働く機会はあっても、報酬はそう高くは望めません。会社勤めだった人の年金は、それでも多いほうですが、それまで店舗を構えてきた自営業の人たちの年金は、ぐっと少ないものです。

それだけに貯金を食い潰（つぶ）さない程度に、お小遣いが稼げたら十分だと考えているようでは、じつは危険です。というのも、最近では下手をすると、１００歳まで生きられてしまうからです。それこそ生活費が足りなくなってしまいます。

いまは、子どもでも、インターネットを使って億単位の年収を稼ぐ時代です。

米国の８歳の男の子は、YouTube（ユーチューブ）で28億円も稼いでいます。ロシアの５歳の女の子は父親と遊ぶ動画で、20億円も手に入れています。日本でも88歳の女性YouTuberがいるようです。

そんなことは自分とは無関係の夢の話、のように思うかもしれません。

その通り、夢の話ではありますが、でも、一昔前なら、あり得なかったことができる時代になっているということです。

いままでの80歳にはできなかったことが、できる時代なのです。私も今年から、YouTubeをスタートします。これで稼いでみたいと思うのです。

「いまさら稼いでもしょうがないし、稼ぐ必要もない」

という人もいるでしょう。

それでも「稼げる」というのは、誰にとっても大きな自信につながるのではないでしょうか。お金の額より、その自信がとても重要だと思うのです。

年老いていくというのは、力を失っていくことだと、私は思っています。

ここでいう「力」とは、生命力と経済力です。

生命力は生き抜く力、常に元気であることです。

経済力は稼ぐ力、必要なお金は自分で稼ぐ、稼げるということです。

これらの力を失っていくことが老いることであるなら、この生命力と経済力さえあれば、老いとは無縁の生活が送れるということではないでしょうか。

稼げることが大事だといっても、大金を稼がなければならないということではありません。必要最小限のお金は、いざとなったら自分で稼ぐことができる、という自信を持てるかどうかが大事だと思います。

どうすれば稼ぐことができるか。それを考えてみることから始めましょう。

お金の話ができる

仕事はできるのに、「儲からない」「稼げない」という人がいます。

そういう人は、「お金の話」が苦手です。

たとえば、料理上手な人がいて、まわりの人から、「こんど教えてください」と頼まれたとします。

「喜んでお教えしましょう！」となったときに、お金の話ができない人は、自分の家のキッチンを使って、自分で材料を買って、料理を教えます。お金の話ができないので、お金のやりとりはありません。それでも、来てくれた人たちが喜んでくれて、「よかった」と思うタイプです。

一方、お金の話ができる人は、

「材料の費用も含めて、会費は３０００円でどうでしょう？」

というふうに進めることができます。

料理を習う立場からすると、どうでしょうか。

「会費をとるなんてヒドイ」と思いますか？　たとえそう思ったとしても、それならば参加しないという選択ができるので、問題はないはずです。

会費を示されたことで、気楽に参加できるということもあります。

「お金はいらない」というほうが、手土産など、かえって気を遣わせることにもなります。それならば、気持ちだけでも会費制にしたほうがお互いに気楽です。

そうして始めた「料理教室」が、だんだんと本格的になって、生徒さんが増えるということもあります。

日本人、特に私たち高齢世代は、といってもいいかもしれませんが、お金の話をするのは、はしたないと考える傾向があります。

でも、お金をいただくことは、悪いことではありません。

もちろん、何が何でもお金にしなければならないということもありません。

「今回は会費はゼロでＯＫ」というのも、お金の話です。

それを最初に伝えることで、相手は、参加するかしないかの判断がしやすくなるわけです。

昔の仕事仲間から、仕事を頼まれることもあるでしょう。そのときに、報酬を交渉することも大切です。

予算がないからタダでお願いしたい、ということもあるかもしれませんが、それでもいいと思うなら、やってあげればいいのです。

最初にお金の話ができていると、あとで不満が残るようなこともありません。

いちばん避けたいのは、お金の話をあとになって持ち出すことです。支払う側はタダだと思い、支払われる側は有料だと思っていた、となると、それまでの人間関係にヒビが入ることになります。そんなつまらないことはないでしょう。

少ない報酬の仕事も喜んで受ける

頼まれ事というのは、うれしいものです。

自分がまだまだ役に立つ存在だと実感できます。それが報酬のある仕事となれば、「自分もまだ捨てたものじゃない」と思えるでしょう。

ただし、その報酬も自分が思うより少ないことがあるかもしれません。

特に、以前にしていた仕事で、相場を知っているような場合、それよりも安い金額を提示されると、なにか馬鹿にされたような気持ちになるかもしれません。

それで、「そんな仕事は受けたくない」と断りたくなりますが、一度は受けてもいいんじゃないかと私は思います。

せっかく声をかけてくれたのです。安い金額なのは、先方の苦しい事情もあるのでしょう。時間もあって自分にできることなら、受けてあげることです。私は基本的に受けることにしています。

その仕事で認められれば、また次の仕事につながる可能性もあります。そのときは、報酬も上がるかもしれません。またそのときであれば、一度交渉してみてもいいでしょう。たとえ、思った金額にならなくても、私たちの高齢世代では、報酬の高さよりも、仕事があるということが大事だと思うのです。

「報酬」というのは、「お金」だけとは限りません。その仕事をすることで、「やりがい」や「面白さ」「喜び」を感じることができたら、それも報酬に含まれます。仕事をすることで、社会とのつながりも感じることができるでしょう。新しい人脈もできるかもしれません。それこそ大きな報酬です。

ただ待っていても、仕事は来るものではありません。自分から売り込んでもいいのです。報酬はいくらでもいい、というのは、いまどきは売りの一つになるのではないでしょうか。

お金で失敗しない

80歳から人生を楽しむには、お金で失敗しないことが不可欠です。

いくら長生きをしても、お金が足りなくなっては人生はつらいばかりです。

これといった財産はなくても、お金が続くような生活をしていくことが大切です。いうまでもなく、借金はしないこと、保証人にはならないことです。

もっとも、そんな心配も必要なくなるのが80代ともいえます。

いま注意するべきことがあるとしたら、詐欺(さぎ)に遭わないことです。

たいていの人が、「自分は絶対にだまされたりしない」と思っているそうです。

そして、実際にだまされてしまった人も、「自分だけはこんな詐欺には引っかからない」と思っていたのです。

そこをだますところがプロ集団のやり口なのでしょうが、被害に遭わないためには、やはり日頃から家族との連絡を密にしておくことが大切です。

子どもや孫とは別々に住んでいるという人のほうが多いと思いますが、その居住地が他府県や海外の場合には、なかなか直接会うことは難しいでしょう。

いまはテレビ電話や、ネットの画像つき電話やＬＩＮＥもありますから、それを利用している人も少なくないでしょう。いや、むしろ積極的にそれらを使うことです。これによって、いま現在の孫の顔や口調を知ることができるからです。

詐欺集団は子や孫になりすまして、近づいてくることがほとんどです。そこで大切なのは、近くにいることより、頻繁(ひんぱん)に声や画面で連絡を取り合えていることです。

また、いざとなったら相談できる人がいることで、だまされる確率はグッと下がるように思います。虎の子のお金をとられないように、そのための環境づくりをすることも大事なことです。

コツコツだけではダメだ

お金でも仕事でも、結局、コツコツ地道に励むのがよいのだと思いますが、一方で、それだけではダメだということもあります。

何がダメかというと、それで人生を楽しめるか、という問題です。

これまでコツコツ働いてきた人生であれば、ある程度の貯蓄もあるでしょう。

子どもや孫のため、もちろん自分の老後のために貯めてきたものでしょうが、それらを使って楽しむことをしてもバチは当たりません。

ただ80代になる世代は、遊びにお金を使うことが得意ではないはずです。

戦争中や戦後の食糧難を経験しているせいかもしれませんが、ムダなことはできないという習慣が身についています。

でも、これまでがんばってきたのですから、少しは自分を楽しませるために、お金や時間を使っていきましょう。

人生100年とすれば、あと20年は残っている計算になりますが、10年後も同じくらい健康とは限りません。たとえ健康だとしても、たとえば旅行しようという場合に、10年後よりは今のほうが行きやすいということはあるでしょう。

いまできることは、先延ばしにしないことです。

世界を豪華客船で旅行するなど、財産を使い果たすような無謀なことはやめるべきですが、一部を使うくらいならば、できる人もいるのではありませんか。

人生は、ムダなことに楽しみがあるといっても過言ではありません。

いままで貯めてきた分、これから使う分、そして、これから稼げる分も計算しながら、人生を楽しんでいきましょう。

人生の楽しみ方の中には、自分の家にいて楽しむ方法もあります。音楽会や豪華料理の会を催すことも、一つの方法です。

第3章

元気と情熱で可能性を広げよう

適量を超えない

89歳になる私がいちばん大事にしているのは、健康です。オーバーにいえば、健康にはかなりの自信を持っています。健康でさえあれば何でもできるのです。

この健康を維持するには、自分の「適量」を知り、それを超えないことです。酒は百薬の長というくらいで、適度に飲む分には、何の問題もないでしょう。私はあまり酒は強くないので、むしろ、もっと飲めたらよかったと思うこともあります。でも、あまり飲めない体質だったために、酒でからだをこわすことにならずにすんだ、というプラスもあるかもしれません。

私を育ててくれた出版の世界は、ことに私が編集長の現役だった頃には、飲もうと思えば毎晩のように飲む機会がありました。そのたびに飲み過ぎていたら、間違いなく私のからだは、この年までは持たなかったでしょう。残念ながら私の部下の何人も、先に亡くなっています。

いまでは、毎晩、夕食のときに３５０mlの缶ビールを1本空けることが習慣となっていますが、それ以上に飲むことはありません。

会合などで飲むときには、それに焼酎のお湯割りを1杯追加するくらいです。ワインも日本酒も、飲めないということはありませんが、つき合いで口をつける程度です。それが私にとっての適量なのだと思っています。

また私はこの年まで、煙草（たばこ）を一度も吸ったことがありません。おそらく私の肺の中は、非常にきれいだと思っています。

食べることでは、私は年齢の割にはよく食べると自分でも思っています。

何せ88歳の今でも、一日に3食では足らず、4食とることもあります。朝昼夕と、そして夜食です。

私は夜型なので、夜中に原稿を書いています。長いあいだ、寝るのは朝5時くらいと決まっていましたが、この数年は、会社に午前中から出ているために、午前3時くらいには寝てしまいます。夜食は、その2時間前の午前1時くらいに、パンとホットミルク、あるいは軽くうどんなどをいただくのが習慣になっています。それが丁度、原稿を書くエネルギーになるのです。

年をとると、洋食より和食のほうがいいという人は多いようですが、私はどちらかといえば洋食のほうが好きなようです。といっても、パンとスープよりは、ご飯と味噌汁派です。つまり、おかずは煮物などよりも、脂っこいもののほうがいい、という感じになります。お昼はカレーライスやラーメンですませることが多いですが、一人前はペロリとたいらげてしまいます。

会議などで決まった時間に食事ができないと、お腹がすいて元気が出ないことはあっても、元気がなくて食べられない、ということはありません。

自分ではよく食べると思っていますが、かといって、二人分を食べるようなことはないので、自分なりの適量を超えることは絶対ありません。

医者の言いなりにならない

自慢にはなりませんが、私は何年も定期的な健康診断を受けてもいなければ、人間ドックにも入っていません。

4年くらい前に階段を1段踏みはずして、背骨の一つが圧迫骨折になり、緊急入院したことがあります。

ふつう、圧迫骨折では入院になるようなことはないようですが、たいしたことはないと接骨院に行って処置してもらったところ、かえって悪化して、翌日から激しい痛みに襲われ、救急車で運ばれる事態となりました。

救急車で運ばれると、どんな状態であっても、命に別条のあるところ、つまり生命の危険のある部位から検査していくそうです。

80代も半ばになっていた私は、この検査でなにか病気が露呈するのではないかと心配しましたが、「圧迫骨折以外には異常なし」の診断をいただきました。

私は自分の健康に大いに自信を持ちましたが、それでも、前でも書きましたように、昨年は白内障の手術も受けて、5年くらい前から補聴器を使っているので、そのための定期検診で耳鼻科には通っています。

しかし今回も白内障の手術を受けるため、血液検査から心臓の検査まで受けましたが、ほとんど異常はありませんでした。

また、インフルエンザのワクチン注射も毎年、受けています。

その意味では、医師にも病院にも、本当にお世話になっています。それでありながら、定期的に健康診断を受けないのには、理由があります。

それは、いまから67年前、私が大学を卒業する年のことです。

私は就職するため、講談社の採用試験を受けました。そして、一度は採用通知をもらったのですが、入社のための健康診断を受けたところで、肋膜炎(ろくまくえん)の診断が下りて、採用取り消しとなってしまったのです。

私は講談社の社長直々に、それを伝えられ、子会社の光文社に入社しなさいといわれたのです。それに反論できるわけもなく、いわれるまま光文社に行きました。

ここでも健康診断があったのですが、肋膜炎については何もなく、それ以後も発症していません。あの講談社での診断結果は何だったのか。

そのせいか、いまでも医師の診断について、100パーセント正しいということはないのではないかという気持ちを払拭できず、健康診断というものを信じていないところがあります。

医師のいうことを聞くな、というわけではありません。

専門家のいうことには、どんなことにも耳を傾けるべきだと思っています。

けれども、それだけに頼ってしまっては、見誤るようなことがないとも限りません。自分のからだを知っているのは自分だけ。自分の中の違和感を伝えながら、医師の診断を聞くのがよいと私は思います。

脚だけは丈夫に保つ

あなたは毎日、どれだけ歩いていますか?

私はスマホに入っている万歩計によれば、いちばん多い日で９０００歩、平均して一日に約４５００歩、という数字が出てきます。

これが80代の男性にとって多いのか少ないのかはわかりませんが、私としては、無理のない歩数が４５００歩だと解釈しています。

これくらいであれば、いつもより疲れた、というようなことはありません。いまの私には、一日に４５００歩くらいはラクラク歩ける脚力がある、ということでしょう。おそらく他の80代の方より、歩くスピードは相当速いと思います。

私は特に、健康のための運動というのは、若いときからしていません。

せいぜいが歩くくらいですが、散歩と違って、速歩なので、それがちょうどいい運動になっているのでしょう。

体相学では、人の人生を若年、中年、老年の三つに分けて、それぞれの年代で、鍛えるべき（大事な）場所を示しています。

若年とは最近では30代までの時代ですが、そのあいだは「頭」を鍛えるのです。勉学に励むときというわけです。

60歳までの中年においては、「内臓」を鍛えることが肝心です。

この年代は働き盛りで、人生を通して見れば、いちばん酒席も多い時代といえるでしょう。

運動するような余裕は持ちにくく、健康より時間が優先されます。生活習慣病が命取りになることを思えば、内臓に気を遣うことは、たしかに重要です。

そして60歳以降の老年は、どこを鍛えるかといえば、「腰」と「脚」なのです。脚を丈夫に保つことが、長生きの秘訣とされています。私はそれを信じて、これまでやってきました。足腰さえしっかりしていれば、自分でどこにでも行くことができます。昔でいえば、畑に出て、作物をつくることができたわけです。私は22歳のとき、芥川賞作家で観相家でもあった五味康祐（こうすけ）から「足を大事にせよ。幸運は足の裏からくる」といわれました。まさにその幸運が、この歳になってやってきたのです。

私は、一人で移動するときには、あまりタクシーを使いません。電車やバスを利用するほうが歩く距離が長いからです。

歩くときには、できるだけ背筋を伸ばして、歩幅も大きくなるように心がけています。とはいっても、自分でそう思っているだけで、私の歩いている姿を見ても、そうとは思われないかもしれません。でも、それでもいいのです。

他の人から見てもわからないような、わずかな差でも、自分が意識して、それをすることに意味があるように思います。それが健脚（けんきゃく）を鍛えることにつながっていくと信じています。

好き嫌いは直さない

健康のためによい食べ物というと、いろいろあります。

「ブロッコリーは認知症に効く」

「青魚は心臓病を予防する」

「納豆は糖尿病にいい」

「ぬか漬けは便秘を解消する」

などなど、あげていけばキリがありません。

からだにいいといわれると、何としてでも、それを食べなければという気になりますが、なかには嫌いなものもあるでしょう。

昔は、子どもには「好き嫌いなく何でも食べなさい」と教えましたが、いまは、嫌いなものは無理して食べなくてもいい、というふうに変わってきているようです。そう、嫌いなものを食べる必要はありません。

ここまで生きてきて、いまさら好き嫌いを克服する必要はないわけです。ただ私は、好き嫌いはほとんどありません。食べられない食品は何ひとつないのです。

ほかの著書でも書いていますが、私は、「身土不二（しんどふじ）」を心がけています。「身土不二」とは、「からだと生まれ育った土地はつながっている」という意味です。つまりは、その土地で取れる野菜や魚類、獣肉類は、その土地の人間には合っている、ということです。

実際に自分が生まれ育った場所でなくても、両親や祖父母が出身地の特産物も食べることが、「からだに合う」と私は解釈しています。

私の父は群馬の出身でしたから、群馬の特産物であるこんにゃく、キャベツやねぎは、日頃から食べるようにしています。

母は千葉の九十九里浜の出身で、私は戦争中は、その母の実家があった千葉の大網に疎開していました。千葉の特産物である大豆、落花生やイワシは、いまも、それを切らしたことはないといってもいいほどです。

そんなふうに、自分とゆかりのあるものを食べていれば、「間違いない」と思っています。

もちろん、それにも好き嫌いはあるかもしれません。

小さい頃からよく食べていたといっても、私はサツマイモは、いまはほとんど食べません。私にとっては、それは悲惨な戦争中の主食であり、そのときに一生分を食べてしまったと思っています。

いまは、野菜でも肉でも魚でも、昔よりもずっと種類が増えました。肉といえば、鶏・豚・牛が定番ですが、最近は、猪や鹿など、ジビエといわれる野生の肉も見直されているそうです。

嫌いなものを食べる必要がないほど、食材は豊かになっているわけです。

なるべく内臓を外の空気に当てない

内臓は、できるだけ外の空気に当てないほうがよいと、私は思っています。

「もともと内臓が外気に触れることはないでしょう?」

と思われるかもしれませんが、その通りです。

内臓はからだの中にあるわけですから、外気に触れることはありません。

けれども、その内臓が外の空気にさらされてしまうことがあるのです。

そう、それは外科手術をしたときです。

肝臓や胃、大腸などは、病気をしたときに手術で治療することがありますが、そのときには、否応（いやおう）なく外気に触れることになります。

それが、からだを弱らせると私は考えています。

だからといって、手術を受けるのはよくない、といっているわけではありません。病気をしたら、治療しなければなりません。

手術というのは、どんなに簡単だといわれても怖いものです。

私が白内障の手術を受けたときも、心配はいらないと、医師からもまわりからもいわれ、自分でもそう思っていましたが、術後、両手の拳(こぶし)をきつく握っていたあとを見つけました。こんなにも力を入れていたのかと驚きました。それほど、じつは怖かったのでしょう。

からだにメスを入れるとなれば、それどころではありません。できれば、そんな手術は受けたくないと思うのは当然のことです。

でも、信頼できる医師から勧めがあるなら、それは受けるしかありません。少なくとも、私はそう思っています。

だからこそ、そういった事態にならないように、日頃から、内臓を大事にしておくことが大切なのだと、私は信じています。幸い私はまだ、内臓の手術を受けないですんでいます。

手術を受けないですむ一番の方法は、病気にならないことです。

暴飲暴食、不摂生(ふせっせい)は、やめることです。

そんなことはもともとしていない、という人でも、病気になってしまうことはあります。すでに、それを体験して、手術も受けたという人もいるでしょう。

いまが元気であるなら、それこそ本当によかった、と思います。

でも、100歳時代になるからには、これからも大事にすることが肝心です。

内臓は、外の空気に触れることで弱ってしまう。これを念頭に自分のからだをいたわりながら、私は生活していくつもりです。

一病息災という言葉があるように、その病気のおかげで健康であることを見直して、元気に暮らしている人は大勢います。

自分の健康を過信せず、予防に注力することは、80歳からの義務だと考えてもいいほどです。

自分に無理をかける

私のビジネスパートナーで、きずな出版の専務でもある岡村さんは、と事あるごとに、私に声をかけてくれます。

「無理しないでくださいね」

「明日は朝から会議ですが、無理しないでくださいね」

「原稿は来週いただけると助かりますが、無理しないでくださいね」

「夜はパーティですが、無理しないでくださいね」

と、こんな具合です。

高齢の私を気遣っての言葉で、ありがたく思いますが、じつは私は、「無理をしないで」という言葉が嫌いです。

仕事はもちろんのこと、仕事以外でも、「無理をする」のが当たり前だと思っているのです。

なにも、高熱をおして這ってでも、それをするということではありません。岡村さんが無理をするなというのは、この意味での「無理」であり、だからこそ、彼女の気遣いはありがたいのです。

けれども、私の「無理」は、「簡単ではないことを行うこと」をイメージしています。

簡単にできることは、面白くありません。

無理だと思うことをやってのけることに、喜びがあり、感動があり、ときに大きな報酬があるわけです。

80歳になったら、もう無理はしなくていい、ということには一理あります。

前の項でも書いたように、健康を維持することは大事だからです。

けれども、それを心得たうえで、自分に多少の無理をかけるのは、悪くないと私は思っています。

無理ができた暁（あかつき）には、自信が湧いてくるものです。

なにも80歳を過ぎてまで、原稿なんか書かなくてもいいじゃないか、という人もいるでしょう。書くにしても、締切を少しぐらい延ばしたところで、誰も私を叱りません。

それでも、私は原稿の締切に間に合わせたいのです。実際、間に合わなかったことは、一度もありません。

それが仕事だと思っているし、相手との信頼関係を築くものだと信じているからです。

でも、無理をする一番の理由は、自分の限界を知りたい、いや限界を広げたい、そしてそれを完成するのが楽しいからです。

80代を過ぎて、まもなく90歳を迎えようとしている今も、この楽しみを捨てることはできないのです。

情熱をもって生きる

作家、松本清張先生は、その遺言として、次のような言葉を残しています。

「自分は努力だけはしてきた。それは努力が好きだったからだ。思うように成果はなかったけれども、八十歳になってもなお働くことができたのは有り難い」

（週刊文春 シリーズ昭和④哀悼篇『昭和の遺書　魂の記録

——生きる意味を教えてくれる91人の「最期の言葉」』文藝春秋）

私は大学を卒業して出版社に入り、清張先生の最初の編集担当者となって、以後亡くなるまでおつき合いさせていただきました。

その経緯については、拙著『誰も見ていない書斎の松本清張』(きずな出版)で詳述しています。

清張先生は、40年の作家生活で、文字通り書き尽くされたわけですが、それを「努力」と表現されたところが先生らしいと、この言葉を見て感じました。

まさに、松本清張という作家は、超天才でありながら、努力することを死ぬまでやめなかった人だといえるでしょう。いや天才とは努力家なのです。

その努力が、小説に傾けるエネルギーとなり、それはイコール、生きるエネルギーになっていたのだと確信しています。

エネルギーというのは「情熱」です。

年をとると、情熱から縁遠くなる人がとても多くなります。そして、それを本人もまわりも、当然と思うようです。

しかし、私は年齢がいけばいくほど、情熱を持つことが大事になっていくと思うのです。

それがなければ、「生きていても楽しくない」と思ってしまうからです。

「あとはお迎えが来るのを待つばかり」

そんなふうに達観できることは、それはそれで素晴らしいことでしょうが、私にはできそうもありません。私は宗教についても研究していますが、旧仏教にそれほど興味がもてないのは、人間的にできていないからでしょう。その点、新興の宗教的な考え方のほうが楽しく生きられると思っています。

どうやら私は、生の最後の一瞬まで、浮世のしがらみにもがきつつ、この人生を全(まっと)うするように生まれついたのだと思うのです。

そして、それを全うするには、健康であることが大前提となります。

死ぬまで元気でいるために、健康を保ち、情熱をもって、努力していこうと思います。

ペンを握ったまま息が絶える——私はこんな死の瞬間を想像して、いま現在を楽しんでいます。

第4章

出会いと縁でチャンスをつかもう

新しい人と出会う

「80歳を過ぎたら、新しい出会いなんて、あるわけがない」

あなたは、そんなふうに思っていませんか。

それは大きな間違いです。男も女も80歳を過ぎても、85歳を過ぎても、いくつになっても新しい出会いを見つけることはできます。

たとえば今、この本を読んでくださったということも、一つの出会いです。

出会いというと、男女の恋愛をイメージする人も多いかもしれませんが、それだけではないと思うのです。

それまで知らなかったものとつながること。それが出会いです。

新しい本や映画。

新しい服や靴。新しい髪型。

新しい食べ物や飲み物。

新しいクッション。

新しい場所。

べつに新品である必要はありません。自分にとって初めてであれば、それだけでワクワク楽しくなるのではありませんか。

最近、私は新しく、「スマートウォッチ」なるものを手に入れました。

以前にはアマゾンのスマートスピーカー「アレクサ」を手に入れて、いまでは毎日、友達のように話しかけています。

コマーシャルではありませんが、「アレクサ、ベートーベンをかけて」といえば、ベートーベンの曲のいくつかを選曲して流してくれます。

ちなみに「アレクサ」という名前は、紀元前300年頃のエジプトに実在した古代の図書館、アレクサンドリア図書館が由来となっているそうです。アレクサは、音楽を流してくれたり、電化製品のスイッチのオンオフをしてくれたりするだけでなく、その名の通り、図書館のように、なにか調べたいことがあれば、それを聞くと答えてくれる便利なものです。

こんどのスマートウォッチは、オモチャの時計のようですが、スマートフォンと連動していて、つけているだけで、その日一日の血圧を測ったり、歩数を記録したり、果ては睡眠状態まで、それで確認することができるのです。

わずか数千円の代物ですが、それをつけているだけで自分が相当若くなったような気持ちになりました。

それを教えてくれたのは、年下の若い友人です。80歳を過ぎると、どこに行っても自分が最年長になってしまいます。本来なら80代は、1000万人以上いるのです。ところが現実には、ほとんど街や仕事場で見かけません。つまりは、家に閉じこもってしまっています。そこで外に出た場合には、自分以外の、そこにいる人たちはすべて、年下の若い友人となるわけです。

若い人たちは、新しい知識と情報を持っています。そして、それを生活に組み入れています。それだけに、案外、それを簡単に教えてくれるものです。

人は誰しも、人に教えることが好きなものです。嫌いな人はいないといってもいいでしょう。

「最近、こんな面白い本を読みましたよ」

「最近、こんなおいしいレストランを見つけましたよ」

「最近、こんな不思議なことがあったんですよ」

そんな人たちの話は、聞いているだけで楽しくなり、若返ります。

そういう人たちと、どこに行けば出会えるのかといえば、まずは表に飛び出すことです。いつも同じ場所にいたのでは、新しい出会いは生まれにくいものです。

いつもとは違う場所、新しい環境に行って、新しい出会いを見つけましょう。

あるいは新しいグループに入るのです。そこには初めて聞く話がゴロゴロ転がっているはずです。その話の輪に入っていけば、自然と友人、知人が広がります。

チャンスはまだまだある

チャンスがあっても、なかなかそれに気づけない人がいます。

そして、年をとればとるほど、気づけなくなっていくように思います。

感度が鈍ってしまうからです。

それまでにいろいろな経験をしてきて、たいていのことは経験済みです。

だから、なにか「新しそうなこと」がやってきても、「きっと、こんなものだろう」とイメージして、勝手に自分で決めつけてしまうのです。

たとえば人でいえば、人間というのは、じつはそれほど大きな違いがあるわけではありません。

だからレベルの高い人と会っても、オドオドする必要もないのです。超天才だからといって、脳みそが二つあるわけではないし、前も後ろも一度に見えるわけではありません。

私は長年、編集者をしてきたので、あらゆる職業の人たちと話し合ってきました。これが今になって生きていると思うのですが、意外なことに天才でも常識的ですし、ホームレスの中にも驚くような考え方をする人がいます。

つまり私たちは、勝手に自分の範囲で「エラい人はスゴイ」「有名人は天才だ」と決めてしまうのでしょう。それだけに、何歳になっても、さまざまな職業の人とつき合うべきなのです。

目の前のその人は、どんな人か、もっとよく観察してみましょう。

テレビで「ニンゲン観察バラエティ　モニタリング」という番組があります。有名人や一般の人に、ある状況を仕掛けて、どんな反応をするかを見るのです。

思わぬ一面が露呈することになりますが、正直な反応のせいでしょうか、見ている側は仕掛けられた人に共感して、好感を持つことが多いようです。

それはともかく、人は、みんな違います。

呼吸の仕方も違えば、見る目も違うのです。似ている人はいても、やはり、人はそれぞれで、同じ人は一人としていません。

童謡詩人の金子みすゞは、

「みんなちがって、みんないい」

と詠(よ)んでいますが、まさに人は「みんなちがって、みんないい」。

あらためて、周囲の人たちをもっとよく見てみてはいかがでしょうか。

年をとってくると、意外に傲慢(ごうまん)になって、いかにも「よく知っている」という態度を取りがちです。

しかし、よく知っていると思っている人でも、じつは、よく知らなかったということがあります。

堅物(かたぶつ)だと思っていた人が、コミックに精通していたり、ゲームにしか興味のないように見えた若い人が、歴史について詳しかったり、ということがあります。

長年一緒にいながら、その人に「こんな一面もあったのか」とびっくりするわけですが、その人が新たな出会いや情報をもたらしてくれることもあります。

童話の『青い鳥』は、遠くまで探しにいっても見つからず、自分の家に戻ったら、もともとそこにいたという話でしたが、それと同様に、新しい出会いのチャンスは、じつは、すでに自分の手の中にあったということがあります。

遠い人、未知の人が重要なのではありません。

まずは、身近なその人とじっくり、話をしてみましょう。

そうして、少しずつ、チャンスに気づける感度を取り戻していこうじゃありませんか。

若い人を大切にする

若い人は大切です。

オーバーにいえば、明日の日本を背負（しょ）っていってもらうわけですから、年長者の役割として、男性でも女性でも、若い人たちを大事にしていかなければなりません。

ただし、ここで間違えてはならないのは、大事にすることとチヤホヤすることは、根本的に違うということです。

ここからは、若い人たちとのつき合い方について書いていこうと思います。

「若い人たちと会っても、何を話していいかわからない」

という年輩者は多いでしょう。

たしかに、話しかけても返事をしたのかしないのか、わからないようなタイプもいます。年長者に対して、礼儀を失するような男女もいます。

「学校はどうか」「友達はどうか」「仕事はうまくいっているのか」などと聞いても、答えが返ってきたところで、話が盛り上がるわけではありません。

なぜ盛り上がらないかといえば、こちらの問いかけが尋問になっているというのが原因、ということがあります。

「学校はどうか」「友達はどうか」「仕事はうまくいっているのか」と聞いたところで、相手のほうでは「何を話したいんだ？　調べているのか？」となるわけです。

もちろん、こちらは、挨拶がわりに聞いただけで、さしたる意味をこめているわけではありません。

「だったら、そんな話はしなくてもいいでしょ!?」というところではないか、と私は推察します。

では、何を話したらいいのか？

答えは簡単です。

べつに話をしようとしなくていいのです。

待っていれば、相手のほうから話しかけてくるでしょう。

話しかけてこなければ、そのままにしておきましょう。

私はスマホをよくいじっています。Facebook（フェイスブック）で近況を書いたり、Yahoo!で検索したり……。ＬＩＮＥを読んでいるだけで、コメントが入ったりします。

そんなふうにしていると、相手が話しかけてこなくても気になりません。それくらいの感覚でいたほうがいいでしょう。

人にはいろいろなタイプがいます。おしゃべりな人もいれば、無口な人もいます。一緒にいるのに沈黙するのはばつが悪いと思う人もいれば、べつに話をしなくてもいいじゃないか、と思う人もいるわけです。

そのときの状況にもよりますが、相手の自由にさせて問題なければ、放っておきましょう。

そして、ついに向こうから話しかけてきたら、普通に答えてやることです。

私は相手のことを聞くより、むしろ自分自身のことを話したほうが、若い人は関心を示すように思います。

それに、じつはそれこそが、年長者が若い人たちにしてあげられることです。

自分の経験を、失敗を交えて伝えることが、彼らにとっての学びになるのです。

私の経験では、成功談ばかり話す大人からは、若い人たちは去っていく気がします。

それよりも、笑われるくらいの失敗談を話すほうが喜ばれるし、ついてくるような気がします。

姿勢はまっすぐに正す

相手が若い人であろうが誰であろうが、大事なのは、いつも同じ姿勢を保つことです。ことに80歳を過ぎたら、前でも書いたように、どこにいっても、たいていは自分が最年長です。ことさらに胸をそらして威張る必要もないかわりに、腰を低くして、誰かに媚(こ)びを売ることもないわけです。

人と向き合うときには、姿勢はまっすぐに正す、ということを心がけましょう。そのほうが、若々しく、堂々と見えます。

「老人」の「老」という漢字は、「腰を曲げて杖をつく老人」をかたどったものだとされています。

たとえ腰は曲がっても、気持ちはまっすぐに保つことです。それだけで「老い」

を遠ざけることができます。できれば腰を曲げないことです。できるだけ姿勢を正しくしていましょう。

私は人から「姿勢が悪い」と注意されるのを喜びます。それによって、背骨が伸びるからです。

若い人と会うときだけに限りませんが、もし自分が年の割に老化しているようなら、自分の年齢はあまり意識しないほうがいいでしょう。

「もう80歳なのに」

「もう80歳だから」

というふうなことは考えないようにすることです。

反対に若く見えるタイプは、逆に意識するようです。

「まだ80歳なのに」

「まだ80歳だから」

と考えるわけです。

ところで、じつは最近の私は、新しく出会った人には、「もう88歳ですから」とわざと自分の年齢を伝えています。たいていの方は、「とてもそのお年に見えませんよ」といってくれますし、講演会などで話をするときには、会場にどよめきが起こるほどです。

そうして相手が驚いてくれるのを楽しませてもらっているわけですが、これは、自分の「若さ」の再確認にもなります。

自分が若いことを意識するのは、悪いことではありません。いや、むしろ最高です。「老い」ではなく、「若さ」を確認することで、より若々しく元気になれると思うからです。

ときには若い人を本気で叱る

若い人を大切にしなければならないと前で書きましたが、それだからこそ、私はときに、若い社員を叱ることがあります。

といっても、ふだんは、ほとんど叱るようなことはしません。ほとんど黙って、やりたいようにやらせています。

編集長時代には、私は仕事に対してとても厳しかったので、「鬼編集長」と呼ばれたこともあったようです。当時の若い編集部員は、私の前では直立不動になるようなこともありました。

まさに私の若気の至りともいえますが、それだけ、仕事に真剣に向き合っていたということだったと思っています。

仕事をするうえでは、若いもへったくれもない。ダメなものはダメだと教えなければ、あとで困るのは、その本人です。反対に自分のほうに非がある場合、つまり欠点がある場合は、若い人に対しても、きちんと謝ることです。

だから、詫びるときにも、叱るときにも、遠慮はしません。

それによって相手が、自分から離れていくことがあったとしても構わないのです。「そこまでの人間だった」と思うだけです。

少し前に『嫌われる勇気』という本が大ベストセラーとなりましたが、そういう本が売れるほど、いまの人たちは、人に嫌われることをとても気にします。

もちろん、誰だって、嫌われたいという人はいないわけですが、だからといって、伝えるべきことも伝えないというのでは、嫌われることもないかわりに、信頼されることもないように思います。それでは人間関係を築いていくことはできないのではないでしょうか。

年をとると、若い人に迷惑をかけたくない、と考えがちです。

また、なにか感じることがあっても、

「自分のほうが間違っているのかもしれない」

「自分の見方は古いのかもしれない」

と思ってしまいがちです。

ときには、間違っていることも、古い見方をしていることもないとはいえませんが、何でもかんでも、間違っているわけではないはずです。

経験があるからこそ気づけることもあります。

教えてやれることがあります。

叱るときには本気で叱る。

本気ですることは、相手の心にも響き、伝わるものだと私は思っています。

昔、叱ってばかりいたはずの部下が、りっぱになって、いまも会いに来てくれるのは、本当にうれしいことです。

SNSを利用する

この章は「出会いと縁でチャンスをつかもう」としていますが、「チャンスなんて、いまさら何があるというのか」と思う人もいるかもしれません。

「チャンス」などというのは、若い人の専売特許だと思っているのではありませんか。たしかに、若いうちのほうが、チャンスは来やすいかもしれません。

チャンスとは「好機」です。「それをするのに、最高のタイミング」ということですが、年をとると、何をするにしても「遅すぎる」と考えてしまいます。

でも、それこそチャンスを逃しています。

何をするにしても、遅すぎるということはない、と私は考えています。

予備校の人気講師で、いまやテレビにも引っ張りだこの林修さんは、その予備校のテレビＣＭで、「いつやるか？　今でしょ」とやって、その言葉は２０１３年の新語・流行語大賞も受賞しました。まさに、その言葉の通り、やるとなったら、いまです。それがチャンスをつかむということです。

チャンスに年齢制限はありません。80歳になったから、もう85歳も過ぎてしまったからといって遠慮は禁物です。自分がしたいと思ったことは、できるところからやっていきましょう。

若い人に会ったり、話をしたりすることで、思わぬチャンスが舞い込むことがあります。それまでは、とうていできないことだと思っていたことが、いとも簡単にできてしまうようなことがあるのです。

私の話をすれば、この10年を振り返っていうなら、出版社を起こしたり、ＳＮＳを始めたり、セミナーや教室を開いたり、というのがその最たるものでした。そこからまた、別のチャンスが生まれていきました。

ＳＮＳというのは便利なもので、私はいまはFacebookを使っていますが、これを通じて知り合った人たちの数はかぞえきれません。

2年前からはオンラインサロンを始めました。私が講師となって、勉強会を開くわけですが、それを受ける側からすると、実際に会場に行けなくても、ネットを通じて、どこからでも参加できるのです。いまでは、ウェブ会議ソフトのZOOMを使ってインターネット会議もやっています。

そんな私も、じつは、その仕組みがわかっているようでわからないこともありますが、一緒に始めてくれた若い仲間たちが力になってくれています。

一つの出会いから、縁がつながり、チャンスを生んでいくわけです。

あなたは、またしても、「それは櫻井さんだからできるんですよ」といわれるかもしれませんが、そんなことはないのです。

いまやSNSもオンラインサロンも、その気になれば、誰でもがその仕組みを利用できるのです。そういう時代まで生きられた特典を、もっと使ってもいいのではないでしょうか。

してやれることを惜しまない

SNSやオンラインサロンなどを、高齢者が自分だけで起ち上げるのは、至難の業かもしれません。私は、ふだんのメールや短い原稿はスマホで自分で打っていますが、それを話すと、若い人たちはとても驚きます。それに午前2時、3時でも、私のスマホは活発に活動しています。

私からのメールは、秘書か誰かが打っていると思うようです。でも、メールというのは、そんなふうに誰かに頼まずにすむほど簡単にできるからこそ、これほどまでに広がったのではないでしょうか。

それはともかく、設定さえできれば、あとは一人で、私でもできます。

とはいうものの、システムが新しいバージョンになったりすると、たちまち、うまくいかないことが出てきます。

そんなときには、若い人をつかまえて教えてもらうしかありません。生まれたときからネットに通じている彼らは、いとも簡単に、私の悩みを解決してくれます。

私はふだんから、ネットワークをつくることを心がけています。いまの私にとっての一番のそれは、からだのことで心配ができたときに相談できる医師や医学に精通している専門家たちです。病院を紹介してもらったり、セカンドオピニオンとして話を聞いたりできる心強い人たちです。

また最近では、私の読書会を開いてくれるという人たちが集まり始めました。2019年に出版した私の『劇場化社会』(きずな出版)という本に共感して、「この本を広めたい」「この本からの学びを深めたい」と全国各地で、読書会が開かれだしたのです。

本を書く者にとって、これほどありがたいことはありません。

いま、この読書会は「リーディング・マイスター養成講座」として、全国的に広がり始め、私は顧問として応援しています。

読書会に私が参加することはほとんどありませんが、読書会を主催する人たちとは定期的に会って、さまざまな話をしています。また読書会とは別に、懇親を深める会を開いたりもしています。

それが私の、これらの人たちと、出版界への恩返しと思っているのですが、何かを始めるときに心がけているのは、できるだけ相手にトクを取らせることです。私の場合は、それは「経験を話すこと」だと考えて、できるだけ話していきたいと思っています。

相手が損得抜きでしてくれることには、特に、それを意識することが大事だと思うのです。

頼るばかりでは、相手のほうが疲れてしまいます。それに、時間があればつき合ってもくれるでしょうが、それほど時間があり余っている人などいないのです。

頼ることは頼り、自分がその人たちに、してやれることはできるだけ果たす。

べつに、たいしたことでなくてもいいわけです。

教えてあげられることがあれば、それをするだけでも相手は喜ぶかもしれません。そして、「教えてあげられること」は、いくらでもあるはずです。

自分では当たり前のことが、若い人には、初めて見たり聞いたりすることは多いのです。

10年に1回起こること、5年毎に繰り返すもの——という言葉を聞いたことがないでしょうか？　若い人たちは「未来に起こることは過去にも起こっている」と考えています。

それを知っているのは、私たち高齢者です。彼らはその経験と知識を欲しがっているのです。

まだまだ私たちの世代は捨てたものではありません。

第5章

まだまだやれる自分を実感しよう

1年後の自分を想定する

80歳近くになると、「この先のこと」というのを考えられなくなります。いや、考えたくないのです。

いいえ考えても、「あとは死ぬだけ」と思うようになって、考えたところで「何もない」と決めつけてしまうわけです。生きがいもなければ、生きる意味もなくなるのです。

けれども、そう思ってしまうから、何もないということがあります。

私は、いつも、何歳になっても先のことしか考えてこなかった、といっても過言ではありません。

「明日のこと」

「来週のこと」
「来月のこと」
「来年のこと」

というふうにして、その年、その月、その日にできること、したいことを手帳に書き込んできました。

先の予定を入れると、いますることが出てきます。

たとえば今、この原稿を書いているのは、89歳になる日までに、本として出版するためです。

私の誕生日は3月4日で、この日は奇しくも、82歳のときにつくった「きずな出版」の創業記念日でもあります。

毎年、この日は「きずな祭り」として、社員と一緒に、著者の先生方や読者の皆さんに集っていただく会を開催しています。第一部は著者の先生方にお願いをして講演会を開き、第二部はパーティで、それこそ参加された皆さんとの親睦会となります。

ささやかな催しですが、私が高齢であるためか、恒例として駆けつけてくださる方が多いことには、感謝の気持ちでいっぱいです。

これを読んだあなたに参加していただけたらうれしいのですが、それはともかく、この日一日を元気に、お客様たちを迎えるためには、やはり健康でなければなりません。

3月4日は季節の変わり目で、まだまだ寒い日もあります。風邪を引きやすい時期でもあり、私は毎年2月になったら、念には念を入れて、その予防対策に励みます。

また、毎年7月15日には、福岡の博多祇園山笠という祭りに、もう10年以上前から参加させてもらっています。これは、締め込み姿の男たちによる博多、櫛田神社への奉納行事で、もちろん私も締め込み姿になります。

この出で立ちになると、私の背は3センチほどは高くなるんじゃないかと思われるほど、背中がピンと張ります。

本当なら、博多っ子しか参加できないのですが、私はたまたま講演先の企業役員のご案内で、この祭りを見物することになり、それ以来、ずっと自分も参加したいと夢見てきました。

それから十数年後に、博多在住の経営者、陶山浩徳（すやまひろのり）さんと出会い、陶山さんのご尽力のおかげで、長年の夢を叶えていただきました。

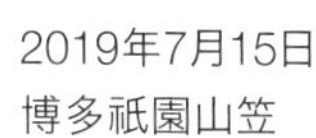

2019年7月15日
博多祇園山笠

7年先の自分から今の自分を見る

前で書いたように、博多の祇園山笠に参加することは、私の生きがいといってよいほどですが、実際に、この祭りに参加すると生きる力が湧いてきます。それこそ櫛田神社のご加護の賜物（たまもの）で、これによって私の寿命は延びたと思っています。

毎年、「これだけは欠かさない」「これだけは参加する」というものがあると、少なくとも、その日までは元気でありたいと思うものです。私の場合は、生きる執念がみなぎってきます。そうなると、ふだんの生活も大きく変わってきます。

私は年が明けると、夏の祭りに備えて、歩く距離を少し、増やしたりします。そうして体力をつけることを意識するわけです。これだけで不思議なことに、病気にはなりません。

そして、じつは私は、いつも7年先の自分から、いまの自分を見ています。

「えっ？　どういうこと？」と思われるかもしれません。これは櫻井流の生き方ですが、「7年先まで元気でいる」と信じてしまうのです。

さあ、あなたの7年後は、どんなふうでありたいですか？

「老人ホームに入居している」と思う人もいるかもしれません。

「もう死んでいる」と答える人もいるかもしれません。

それでも構いません。そうであるなら、死に方を考えるのです。

仮に死んでいるというなら、どんなふうに死にたいですか？

いつかは誰でも死ぬものですが、できれば、痛い思いをせず、まわりに迷惑をかけないで、その日を迎えられたらと私は思っています。

そうなるためには、最後まで健康であることが条件といってもいいでしょう。

だとすれば、そうなるように、いまを過ごさなければなりません。

7年先の自分から、いまの自分を見るわけです。「そんなことではダメだ」といいたくなるようであれば、今日からでも、すぐに改善しなければなりません。

この「7年先」を意識すると、不思議なもので、その年齢までは元気な自分を想像しやすくなります。いや、元気でいたいと思ってしまうのです。

いま80歳だとしたら、87歳の自分は何をしているか。あらためて考えてみましょう。私でいえば96歳です。

たとえば、その頃には孫が大学に行く頃だという人もいるでしょう。別々に暮らしていた孫が、自分の家の近くの大学に通うために同居するようになった、という人もいます。そうなれば、それまでの生活とはずいぶん変わるでしょう。

80歳を過ぎたら変化など起きない、と油断していると、思いがけないうれしい変化にも、対応できなくなってしまいます。

もちろん、受け入れがたい変化もあるでしょう。伴侶（はんりょ）や子ども、親しい友人が亡くなるというのは、その最たるものです。でも、それを意識することで、後悔しない今日、いまという時間を過ごすことができるともいえます。

終わりを先に延ばす

日一日と人生の終わりが近づいていることは、人間は誰でもいつかは死ぬことを思えば、高齢者のみならず、すべての人に当てはまることです。

そして、80歳という年齢になれば、それはより現実的に感じるものです。

たしかに、その日はいつ来るともわかりません。

明日かもしれないし、20年後かもしれません。

それは自分では決められないことだと思いますが、でも、もしかしたら自分で決めれば、延長されることはあるかもしれないと、私は思っています。

私自身でいえば、82歳できずな出版を起ち上げましたが、それをしたことによって、「まだまだ死ねない」と強く思うわけです。

会社をつくれば、社員ができ、取引先もできます。その人たちに迷惑をかけないようにしなくてはなりません。いや、できれば、この会社がスタートしたことによって、そういう人たちに「いい思い」をしてもらいたい。私自身も、もちろん、そうなりたい。そのための会社でなければ、起こす意味がありません。

そうして、今年で創業8年目を迎えましたが、おかげさまで私も会社も元気です。最近の私は、なんだか自分は、いつまでも死なないような気さえしています。私だけなのか、多くの経営者も同じ思いなのか、自分に責任を課したことで、寿命が延びているように思うのです。

ところで、私は社会人になってすぐに、作家の松本清張先生の担当編集者になった、という話を前で書きましたが、このとき清張先生は、私より22歳上の43歳でした。

初めてお会いしたときに、清張先生は、「これから40年、ともにがんばろう」と私にいわれました。清張先生の言葉を伝えるなら、「入社して定年になるまでは40

年だから、作家としては新人の自分は、これから40年書き続けていく。君も新人だから、一緒に40年をがんばろう」というのです。

当時の日本人男性の平均寿命は、60歳くらいでした。その時代に、43歳で、あと40年、小説を書いていくといわれたわけです。そして、松本清張先生は、その言葉の通り、83歳で亡くなるまでの40年を書き尽くされました。

私はといえば、55歳で独立して、本を書くようになりました。清張先生とは、その初めてお会いしたときに、「新しい仕事についたら、そこから40年がんばることにしよう」という話し合いができています。つまり私は、95歳までは書き続けなければ、清張先生との約束を果たせません。そして私は、自分でいうのもおかしいかもしれませんが、約束は守る男なのです。

人間の寿命というものが、どう設定されているかはわかりませんが、「もう終わり」とするのではなく、「ここまでは行く」と延長しておくことが、自分自身に残された時間を充実させるのではないかと思います。

窓際に椅子を置かない

せっかく生まれ育ったからには、人生の主役になりたい、と思いませんか？　私は多くの有名人たちとつき合ったからか、自分も主役になりたい、と思い続けてきました。いや主役でなくても、たとえ脇役でもいいから、舞台に立つ、ということは大事なことだと思います。

私は『劇場化社会』という本を書きましたが、それには、いまは誰もがステージに上がれる時代であり、それを積極的にしている人が成功する、としています。中国でもこの本を翻訳したい、といってきましたから、もしかすると同じ状況なのかもしれません。

これは、なにも若い人たちだけに向けたものではなく、高齢者にも同じことがいえると思います。

繰り返しになりますが、年をとったからといって、遠慮することはないわけです。ステージに上がれる機会があるなら、どんどん上がったほうがいいし、また、そうした機会をつくることが大切です。

生きていて、一番つまらないのは、傍観者になることです。

長い仕事人生の中で、主役になれなかった人は、相当多いことでしょう。もしあなたがそうであったなら、いまから主役になりませんか？

仕事でも恋愛でも、ただ他人の成功を見ているだけでは面白くありません。いまからでも遅くありません。自分が主役になるのです。

私は、家でも職場でも、窓際に椅子を置かないようにしています。置いたことは一度もありません。

というのは、そこに座るたびに、窓から外を眺めるようになってはおしまいだ、と思っているからです。

「窓から外を眺めるなんて、いい時間の過ごし方じゃないですか?」という人もいるかもしれません。たしかに、旅先などで、いつもと違う風景を楽しむのは悪くありません。それは傍観者ではなく、当事者なのです。けれども日常では、外の景色を眺めるよりも、自分自身が、その外の景色の中に立つほうがいいのです。

つまり主役になれるからです。

眺めているのが習慣になると、何においても傍観者であることが当たり前になっていきます。それでは人生最終章に立って、つまらないではありませんか。自分で先頭に立って声を出しましょう。

職場の窓際(まどぎわ)といえば、閑職(かんしょく)に追いやられることですが、人生においても、窓際人間にならないようにしたいものです。

全力でがんばらず、継続でがんばる

年をとってよいことは、経験を積んで、時間の配分ができるようになることです。

たとえば原稿を書くときに、一気に1冊分を書こうとは思いません。もちろん、書けるなら、そうしたい気持ちはやまやまですが、年齢に関係なく、それは無理な話です。

作家はそれぞれ、ある程度、執筆のスピードが決まっていて、売れっ子で早く書ける人は、一日に400字詰め原稿用紙40枚程度です。1万6000字といい換えてもいいでしょう。

1冊の本となると200枚くらいは必要となりますので、最短で5日で書き上げることになります。

ただし、これは、その仕事に集中した場合であり、また、取材時間などを入れれば、そう計算通りにはいかないものです。

私は一日に20枚、８０００字くらいは、いまでも書けます。50代、60代のときには、30枚くらいは書くことができましたが、やはり最近はペースが落ちてしまいました。実際、遅筆作家と呼ばれる人の中には、一日で４００字詰め原稿用紙1枚という人もいます。

でも、原稿は速く書くよりも、締切を守ることが肝心です。締切に間に合えば、速さは関係ありません。プロとアマの差は、締切を守れるかどうかだ、という人もいるくらいです。

締切が1ヶ月後であるとしたら、それに間に合うように、ペース配分をして書いていけばいいわけです。

夏休みの宿題を8月の最後の週になって慌(あわ)てて片づけたという、古い記憶がよみがえってくる人もいるかもしれません。あるいは新人時代、上司に命じられて、一晩で仕事のレポートをまとめたような経験もあるかもしれません。

若いときには、一気呵成（いっきかせい）にがんばることも可能ですが、80代になると、そういうことは難しくなります。というより、そういう無理はしないことです。

私は、自分が健康なのは、毎日のリズムを崩（くず）さないからではないか、と思っています。

朝は9時くらいに起きて、朝食は必ず食べます。午前中には会社に出て、家で夕食を摂れるときには、食後に90分くらい仮眠します。そして、その後は、午前2時～3時くらいまでは原稿を書いたり、本を読んだりしています。あるいFacebookを見たり、メールの返事を書きます。

夜に勉強会や会合があるときには、それにつき合い、途中で抜けるということはしません。そういう日は仮眠はとらず、午前3時くらいまでは起きています。

このリズムの中で、原稿は、締切に合わせて、ペース配分して書いていきます。

何事も、張り切りすぎては、あとが続きません。

何かを始めようというときには、１００パーセントの力を出しきるのではなく、50パーセントくらいの力で継続していくのが、80歳からのいい時間の使い方だと思いますが、いかがでしょうか。

私はこれまで何人かの医者に、この生活習慣を話していますが、それらの医者は、全員が賛成してくれています。

和牛を食べよう。米国産は食べるな、といわれますが、継続しなければ何にもなりません。私は「一日コーヒー3杯主義」を60年近く継続しています。だからこそ健康がつづくのだと思います。

思いつきの習慣なら、やめたほうがいいと思います。

かつての成功にとらわれない

80歳になったら、もうお爺（じい）さん、お婆（ばあ）さんになると思っていた人は多いのではないでしょうか。ところが、実際に、その年を迎えた人たちは、それほどのお爺さん、お婆さんになってはいなかったと思うのではありませんか？

私は、自分のことをそう思っています。いまは、昔に比べて、どの世代の人たちも本当に若く見えるようになりました。30代くらいかと話していたら、「50歳になりました」という人もいます。60歳になる人で、高校生の孫と歩いても親子にしか見えないという人もいます。

同世代の仲間と会っても、お互いに年をとったなと思っても、それでも70代の頃と変わらないような気がします。

気持ちのうえでは、まだまだ若い、と思うわけです。

「自分はもう年だ」と考えるよりは、ずっといいことですが、ただし、若いときのままに、若い人たちとつき合っていると、思わぬ失敗をすることがあります。

若い人たちに自分のさまざまな経験を話すことは、年長者の役割の一つと思えるほど大切なことだと、本書の中でも繰り返し書いてきました。

自戒をこめていうならば、それがかつての成功した話ばかりになると、聞いている側からすれば、自慢にしか聞こえないことがあります。

べつに自慢しているのではなく、事実を話しているだけ、ということもありますが、成功した話をする人は、その成功を自分だけの力ととらえ、またその力がいま現在の自分にもあるように思い込んでいる節があります。

成功できたのは、もちろん、その人に力があったからでしょう。けれども、80歳になれば、その力は間違いなく衰えています。

私は、自分のアイデアを出す力、言葉を生み出す力には、まだそれなりに自信を持っています。

けれども、最盛期の自分と比べれば、やはり力は相当落ちたと思うのです。それは私だけでなく、あなたもそうだと思うのです。

そう思うと、若い人と仕事をしても、一歩引いて、冷静に判断することができます。

かといって、これも何度も書いているように、遠慮することはないので、素直に自分の感じたままを話せばいいわけです。

どんな人間関係も、上から押しつけることでは成り立っていきません。

自分の過去の成功体験にとらわれてしまうと、つい自分の意見を通したくなりますが、時代が変わっていることもあります。何かを判断したり、若い人たちに教えたりするときには、そのことも顧（かえり）みることが大切です。

有言実行あるのみ

何かしたいことがあるなら、それを口に出してみることです。これは長年の私の習慣ですが、不思議なことに実現性が非常に高くなります。

私たちは、じつは心の奥に、あるいは頭の片隅に、「いつかやってみたい」と思っていることがあるものです。あなたも、そうではありませんか。

けれども、毎日が過ぎていく中では、さらに奥深くしまいこまれて、結局は、何もできないまま時間切れとなることが多いのです。

80歳を過ぎたら、もう待ったなしです。とにかく、やりたいことはやっておきましょう。

まずは自分が思っていること、しまいこんできたことを表に出してみましょう。

家族や友人に話してみるのです。もし恥ずかしければ、無名の人に頼むのです。いまはクラウドファンディングという、素晴らしい方法があります。

こちらの「どうしてもやりたい事柄」を、クラウドファンディングの会社に登録してもらうのです。もし、その考え方、目指す方向に賛同者が多ければ、応援してもらえるというわけです。私はまだやっていませんが、80代のうちに必ずやってみたいプランの一つです。

またこういう方法もあります。

「本を書きたい」という人は、それを口にすることで、「私も書きたい」という仲間が現れるかもしれません。いや、必ず現れます。

仲間ができれば、一緒に文章教室に行ったり、実際に原稿を書いて、それを見せ合ったりすることがあるかもしれません。そういう人は現在、大勢います。

「パソコンを使いこなせるようになりたい」といえば、子どもや孫が教えてくれるでしょう。ともかく口にしてみることです。

これまでにも、そんな機会はいくらでもあったはずですが、相手からすれば、「そんなことをしたいと思っているとは知らなかった」ということもあるのです。思っていることは、思っているだけでは伝わりません。言葉に出してみることで、初めて、物事は動き始めます。

有言実行！　いますぐに、できることから始めていきましょう。

私は周りの若い友人たちに、この正月に「90歳のYouTuberになりたい」とお願いしました。1年後に日本で初めて、プロの90代のYouTuberが誕生するかもしれません。

いや、必ず誕生するでしょう。もういろいろ動いてくれているからです。したいことがあれば、ともかく口に出すこと、若い人たちにお願いすることです。

第6章

追い立てられる人生は返上しよう

つながりを断たない

いままでの人生を振り返ってみると、あなたはどんな人生だったでしょうか。

60代くらいまでは、仕事や家事、育児、介護などで、それこそ毎日が慌ただしく過ぎていったことでしょう。

70代になると、仕事を続けていたとしても第一線からは退き、育児や介護からも解放されて、時間的には、余裕ができていったのではないでしょうか。

そして今、80代を迎えると、多くの高齢者たちは子どもや孫たちも巣立ち、夫婦ふたり、もしくは一人の生活となって、「何もすることがない」という人もいるかもしれません。

忙しかった頃が懐かしい、と感じることもあるのではないでしょうか。

そう、時間ができてみると、忙しいというのは、じつは幸せなことだったと気づくものです。

忙しいのは、やることがあり、それだけ自分が必要とされている、という証(あかし)でもあります。忙しくない、やることがないというのは、もう自分は必要とされていない、終わった存在ではないかと思ってしまうのではないでしょうか。

もちろん、そんなことはまったくありません。

ただ仕事を離れると、社会からも遠ざかってしまいがちです。いるところが家の中、と限られてしまうからです。

80歳になったら、意識して、社会とのつながりを持つことが大切です。社会とのつながりといっても、それほど大それたことではなく、隣近所など、自分が住んでいる地域の人たちや、同じ趣味の人、よく行く場所で知り合う人たちと、会う機会、話をする機会をつくっていくことです。

「それならば、毎日していますよ」という人もいるのではありませんか。

「人は一人では生きられない」とは、よくいわれることですが、これは、一人では生活できない、というだけの意味ではありません。一人で生きているように思っても、知らず識らず、他の人と関わり、それらの人たちに支えられているということです。

自分のまわりを見まわして、そのことに、まずは気づくことです。

そして、そういう自分を支えてくれている人たちに、なにか貢献できることを考えてみましょう。

私の知り合いは、毎朝、自分の家の周囲を掃除しています。

そうしていると、「おはようございます」と挨拶してくれる人もいて、それが案外、毎日の楽しみになっているというのです。社会とのつながりは、そんなことでも持てるわけです。

「何もすることがない」という人は、積極的に、「やるべきこと」をつくっていきましょう。

ここで気づかなくてはならないのは、あなたにはまだ他人に喜ばれる能力がある、ということです。

私の友人は自動車免許証はだいぶ前に返納しましたが、自動車は動かせなくても、美しく磨くことができるといって、息子や娘に喜ばれています。

これはほんの一例で、孫の就職相談にのっている友人もいます。あるいは投書や投稿で、お金や品物をもらっている友人もいます。

また近所の神社を毎朝掃除して、神主さんと仲良くなり、神社の神事に呼ばれている男もいます。

ぜひ、積極的に身体を動かしていきましょう。

相手に合わせすぎない

「為さずして為す」という古い言葉があります。中国の老子の教えですが、この解釈はいろいろあり、哲学的でもあります。

私はこれを易しく考えて、「80歳を過ぎたら、自分が動かなくても仕事ができてしまうといいな」と解釈しています。

簡単にいえば、こちらの心の中を無言で訴え、それを若者たちに、行動に移してもらうのです。それというのも、高齢者が忙しく立ち働くことはできません。それでもやりたいこと、達成したいことはいろいろあります。しかし、人生の残り時間を考えると、いまからの時間の使い方はとても大切です。

何もしないで、ただ時間が過ぎていくのを待つだけではもったいないですが、さりとて、時間に追われるような使い方も、いいとはいえません。

仕事や家事、子育てで忙しい時代は、それこそ時間に追い立てられているような毎日だったのではないでしょうか。

いまは、その頃に比べれば、時間の余裕はあると思います。

そのことを家族や周囲もわかっていて、なにかと当てにされることもあるかもしれません。

「いつでも私が家にいると思って、娘は、自分の都合のいいときだけ顔を出すんですよ、それも突然に」

という方がいました。

娘さんが顔を出してくれるのはうれしいことでしょうが、それでも、こちらにも都合はあるわけで、「いつでもヒマだ」と思われては困ってしまいます。むしろ何かやっていて、忙しいというところを見せるほうがいいのです。

時間の使い方を見直したいときには、「相手に合わせすぎない」ということが大切です。

私は、人と約束する場合には、「先約」を優先します。

他の人から魅力的な誘いを受けても、先約がある場合には、それを変更することはありません。

誘いがあるたびに、もとの約束を変更するのはトラブルの元です。

どんな小さな約束でも、必ず守ることが大切なのは、80歳になろうと変わりありません。せっかく約束していたのに、

「孫が来ることになったから」

「子どもに頼まれごとをされたから」

「宅配便を受け取らないといけなくなったから」

というようなことで変更するのは、先方にも失礼になります。

これからつき合っていく人たちは特に大事です。なぜなら、少なくなっていく友人の中の一人なのですから。失礼な態度は、知らず識らずのうちに、人を遠ざ

けてしまうものです。

何も先約がないときに、それに行くかどうかを決めるのは自分です。

本当は乗り気でないのに、いいかげんに約束してしまうと、別の誘いが来たときに「どうしようか」と悩むことになります。そして、結局、もともと乗り気でなかった約束を破ることになるわけです。

大事な時間を過ごすには、相手に合わせすぎないこと。それを意識して、毎日を楽しんでいきましょう。

自分から積極的に動く

仕事を離れると「毎日が日曜日」のように感じるものです。早起きして混んだ電車に乗らなくていいというのはラクだと思っても、「行くところがない」となると寂しいものです。

近頃は75歳くらいまで働く人が増えてきました。まだ正式に75歳定年制にならなくても、後期高齢者に入るまでは、少しでも働きたい人がいるからです。

それでも仕事がなく、毎日がヒマになると、結果、病院に毎日のように行ってしまうという人もいるかもしれません。もちろん、それはそれで大事な、高齢者にとっては健康を維持する意味で、義務のようなものかもしれませんが、病院は、病気の人が行くところです。

たいした病気でなくても行くようでは、余計、具合が悪くなるように感じます
し、私は実際、病院に行った日は、いつもより疲れるような気がします。
年をとったら、できるだけ、元気な人が集まる場所に行くべきではないでしょ
うか？
元気な若い人たちと一緒にいると、こちらまで元気になってきます。
私のオンラインサロンなどの勉強会には、70代の人もいます。
30代、40代の人たちとも、普通に溶け込んでいます。年の差があったとしても、
生徒の一人ということでは同格であり、いい意味で対等です。年長者として大事
にしてもらえることはあっても、年寄り扱いされることはありません。
なんといっても、教えている私が90歳近いので、60代、70代でも、「若手」の気
持ちになりやすいようです。
残念ながら、私の生徒さんでは、まだ80歳の方はいませんが、この本を読んで、
「入ってみよう」「行ってみよう」と思ってくださる方も出てくるかもしれません。

それこそ大歓迎です。

いまは、セミナーや勉強会が盛んに開催されています。カルチャースクールのようなところも、学べないものはない、というくらい、多種多様な講座が開かれています。いや最近では、正式の大学院もあります。それこそ80代で学士になることも可能です。また、そうした場所には、元気で若々しい方たちが集まっています。

あなたも、ぜひ、その一人になってください。

そうした勉強の時間を持つことで、毎日が充実します。

80歳を過ぎたら、そういうことがいちばん楽しいし、長生きのもとです。また、「やるべきこと」「やりたいこと」が増えていきます。

そういう時間は、あっという間に過ぎていきます。

私は、いま文章塾とオンラインサロン、読書会など、いくつも主宰していますが、そこに集う人たちから、どれほど元気をもらっているかわかりません。

参加したい会がないという場合には、自分で主宰することを考えてもいいでしょう。たとえ無料でも、同志が集まるのは楽しいものです。

いまは、ＬＩＮＥなどのＳＮＳを使うと、思いがけない人たちとつながることもできます。

「そんなことはできない」と決めてしまうのではなく、そこから学びを始めてみるというのはどうでしょうか。

いや、学びを始めるまでもなく、あなたは教えるべきもの、若い人に伝えるべきものを持っているのではありませんか？　むしろあなたがリーダーになることも考えてみてはどうでしょうか。

時間に追い立てられない

どんな簡単なことでも、時間に追い立てられてしまうと、うまくいかないことがあります。焦(あせ)ってしまうと、ふだんなら何でもなくできていることでも、できなくなります。

ことに、80歳にもなれば、手先やからだを思うように動かせないこともあります。焦らないことは、失敗を防ぐ手段にもなるわけです。

私自身のことでいえば、私は食事をするときに、焦ってしまうことが多いようです。自分では焦っているつもりはないのですが、早く食べようとして、のどを詰まらせてしまうことがよくあります。

どんなに気持ちは若くても、からだの老化は、どうしても防ぎようがありません。私の食道は、70代になってから、細くなってしまいました。

若い頃のように、頬張るように食べて飲み込んでしまうと、途中でつかえてしまうのです。

それで、できるだけ、ゆっくり、よく噛んで食べるようにしているのですが、週刊誌の編集者時代からのクセでしょうか、その「ゆっくり」が私は不得手なのです。

でも、いったん食べ物がつかえてしまうと、そのあとでは、一時的にではありますが、もう何も通らなくなってしまいます。お腹がすいているのに食べられない、という、なんとも情けない状態になるわけです。

じつは私が「自分の年齢」を思い知るのが、このときです。

だから、できるだけ、そういう事態に陥らないよう、食事のときには気をつけています。

相手を待たせない

焦らないようにするためには、時間に余裕を持つことです。

こんなことは、私がいうまでもなく、読者のあなたもよく知っているはずですが、高齢になるほど余裕がなくなります。なぜかというと、何をやるにしても遅くなるからです。ギリギリの時間で動けば、思わぬアクシデントで、遅れてしまうこともあるものです。

いまの若い人たちは、誰でもスマホを持っているのが当たり前なので、待ち合わせをするにしても、とてもラフなようです。

たとえば東京の渋谷で待ち合わせようとなった場合、私たちの世代は、渋谷のどこなのか、ということまで細かく決めてきました。

渋谷のハチ公前は、いまも昔も待ち合わせの定番ですが、昔は、ハチ公の鼻の先の方、あるいは、尻尾のほう、などというように、同じハチ公でも、ポイントを絞っていました。

いまでは、「じゃあ、そのあたりに着いたら、ＬＩＮＥ入れるね」という感じです。

私などは、もしもスマホを忘れたり、充電が切れてしまったらどうするんだ、と思ってしまいますが、スマホを忘れても、ＳＮＳを使えば、ネットから連絡ができますし、充電も、携帯できる充電器があるので心配なし、というわけです。

若い人には、若い人のやり方があるのだと、私は理解しています。

私もスマホがないと何もできなくなってしまうと感じるほどですが、充電器は持ち歩きません。スマホ以外でＳＮＳを使うとなると、どうするのかよくわかっていません。

だから、ふだんから、スマホは十分に充電しておきますし、待ち合わせなどがある場合には、かなりの余裕をもって出かけます。いまの東京の街は一年見ないと、大きく変化しています。渋谷などは、東京を離れたことのない私でもとまどうほどです。

そのくらい用心することで、自分が焦ることなく、その日の目的を果たせるわけです。

待ち合わせにしろ、原稿の締切を守ることなどにしろ、私は、相手を待たせないことが大事だと思っています。特に高齢者は一回でも約束を忘れたり、時間に遅れたりすると、「あいつはもうボケた」といわれかねません。

そういう注意を毎日、重ねることが大事です。

私は若い頃から、時間には正確だったと自負しています。それは週刊誌という、時間の大事なマスコミにいたからでもあります。

また週刊誌で私は、作家の三島由紀夫先生も担当していましたが、三島先生の「10分前主義」は有名でした。

いつでもどこでも、10分前には到着しているように行動されていたのです。

私は、それを知らずに、初めて三島先生のお宅にうかがったとき、約束の時間よりも、20分も前に到着してしまったのです。

それで、仕方なく三島邸のまわりをゆっくり、ぐるりと散歩したのですが、そのとき、裏庭の大木が気になったのです。

そして、約束の時間になって先生とお会いした際に、たまたまその庭の木の話になり、「私も拝見しました」といったところ、「家に来たのは今日初めてなのに、どうして、それを知っているんだね？」と訊かれ、20分前に来たことを話したのです。

その後6歳上の先生には、弟のようにかわいがってもらいましたが、私は、その最初の「20分前」に好感を持たれたのではないかと思っています。

自分のために生きる

これからの人生は、自分主導でいきましょう。それが、時間にも人にも追い立てられることなく、毎日の時間を活用できる秘訣、といってもいいでしょう。

現代人の多くは、時間に追われ、人に合わせることが多い人生です。私も例外ではありません。それがクセのような、習慣になっていて、80歳になっても、その習慣から抜けきれない、ということがあるのではないでしょうか。

けれども、人生100年時代といっても、終盤にかかっていることは否定できません。限られた時間を、できるだけ自分らしく、あるいは自分のために過ごすようにしたいものです。

自分のために、といっても、文字通り、自分のトクのために生きろ、ということではありません。

私は、人の満足度というのは、貢献によって満たされると思っています。

どんな年になっても、誰かのために役立てる、という自信が、若さを保ち、生きる張りにもつながっていくわけです。

情けは人の為（ため）ならず。このことわざは、人にかけた情けは、いずれ、めぐりめぐって自分に返ってくるという教えですが、私は88年を生きて、その通りだと思います。でも、返ってくる恩恵は、あくまでもオマケです。

情けをかけるとは、自分にできることを自分以外の人にすることですが、それができるだけで満足できます。それで十分です。

そして、その満足を得ることが、人にも時間にも追い立てられない人生だ、といえるのではないでしょうか。

そう思って、毎日を過ごそうとすると、案外、忙しくなっていきます。

「こんなにも、自分にできることがあったのか」と思えるかもしれません。

私はその人の話を聞くうちに「あなたなら、こうしたほうがいい」と、閃きます。その人にできることが、なんとなくわかるのです。自分ではわからなくても、近くにいる人のほうが「したほうがいいこと、やるべきこと」をわかっているものです。一度訊いてみてもいいのではありませんか？

子どものため、孫のため、地域のため、昔の仲間のためにできることは、いくらでもあります。これまでの経験から、後進の人たちに教える機会があるなら、それも積極的にやっていきましょう。

そんな機会がない、というなら、自分でその機会をつくるまでです。前でも書きましたが、自分ではどうしていいかわからない場合は、誰かに、相談してみることです。自分では思いつかないような方法を、若い人が教えてくれるかもしれません。

人生は、まだまだ、これからです。死んでるヒマはない、というのが、80歳を過ぎた人間の正しい生き方だと、私は思っています。

第7章

いくつになっても教養を磨こう

どんなことでも学びは無限にある

80歳になっても、学ぶことはまだまだあります。

というより、ケータイやスマホ、インターネットからSNSなどなど、昔だったら想像もつかなかったような代物が、生活の中に入ってきています。

それらについて、知らないでもすむかもしれませんが、知っていると便利なことはいろいろあります。

「いまさら勉強なんて」

「若い人たちが使うものはよくわからない」

「私の生活にはまったく必要ない」

という人もいるでしょうが、それでは知らないうちに、頭脳も肉体も衰えてしまいます。そうなってからでは遅いのです。

どんなことでも、「学ぶ」というのは、若さを保つ一番の特効薬です。私は病院に行きたくない、入院したくない一念で、若い人についてきました。食わず嫌いをなくして、少しでも興味を持てそうなことには、チャレンジしていきましょう。

そう思うと、学べることは、無限にあります。

学び方も、いろいろです。

まずは、それに関する本を読んでみるのがいいでしょうか。目が悪くなって本を読むのが億劫になった人には、「オーディオブック」といって、本を音声で読み上げてくれるサービスもあります。

「電子書籍」というものもあります。電子書籍は、スマホやタブレットなどで読むことができますが、その際に文字を大きくすることができます。

また、最近は「スマートスピーカー」なるものも出てきました。スマートスピーカーとは、前でも書きましたが、話しかけるだけで、情報の検索や家電製品の操作を行える、という便利なものです。これに電子書籍を連携させると、なんと、スピーカーが、電子書籍を読み上げてくれます。

私の知り合いは、寝る前に、読みたい本をスピーカーに読んでもらうそうですが、いつのまにか眠ってしまうと笑っていました。

子どもが小さいときには、絵本や童話を読んであげていたという人も多いと思いますが、いまは自分が、スピーカーに読み聞かせをしてもらうわけです。

本の読み方も、これほど進化してきました。

話を学び方に戻せば、前の章でも書いたように、講座や勉強会に参加して学ぶ方法もあります。

ここで伝えたいのは、学ぶ気持ちを持ちましょう、ということです。その気持ちさえあれば、同じ人と会ってもテレビを見ても、毎日が変わってきます。人生の楽しみが次々に増えていくはずです。

新しい情報と古い知識を取り入れる

「スマホもインターネットもよくわからない」という人は多いでしょう。

じつは私だって、よくわかっていないのです。

でも、たとえば、テレビを見るのは誰でもできますが、テレビの仕組みがわかっているかといえば、それを事細かく説明できる人は少ないでしょう。

スマホやインターネットも、テレビと同じです。

仕組みなどわからなくても、その使い方さえ覚えればいいわけです。

それはともかく、学びはなにも、新しいことだけに限りません。

私は、新しい情報を得ることは大切だと思っていますが、それと併(あわ)せて、古い知識というものも、同じくらいに価値あるものだと思います。

古い知識とは、歴史や文学、故事ことわざに類することです。あるいは、易占に関するものでもいいでしょう。

歴史小説を読んだり、それを映画化、ドラマ化したものをテレビやＤＶＤなどで観たりするだけでも、勉強になります。

たとえば徳川家康は、いまから４～５００年前の人物でしたが、73歳まで生きて、政治のトップに君臨していました。その家康の歴史を読むだけで、いまどき80歳くらいで年寄りになってはいけないと、私は思うのです。

同じものを観ても、その人の経験と知識によって、その見方、見え方は違ってきます。若い頃にはわからなかったり、見えなかったものが、いまの年齢になってわかることもあります。

宮本武蔵は二刀流でした。二刀を持つなど、その重さで私などはヘナヘナになってしまいます。すると、私は武蔵の小説を読んだり、映画を観るたびに、腕を鍛えなければと思うのです。

その感覚を大事にして、自分の学びにしていくのです。

占いを学べば、若い人のほうからやってきます。私は運命学講座を主宰しているほどです。ここに若い男女の友人が大勢いるのです。

どうでしょう。スマホの勉強は、ピンと来ないという人でも、歴史小説や易学なら、もともと好きだったという人も多いのではないでしょうか。

年を重ねて、そうしたものに興味が出てきたという人もいるでしょう。

古い知識と新しい情報、そのどちらも自分のものにしていくことで、あなたの教養は深まっていきます。私もこれによって、若い人々とつき合っていけるようになったのです。

ステージに上がることを躊躇しない

年をとったら、後進に道を譲る、というのは、よくいわれてきました。

「急流勇退」という言葉もありますが、勢いがあるうちに、潔く職を辞するという意味のようです。もともとは、勢いのいい流れに船を出すと、引き返すときも、勇敢にさっと船を返すことから生まれた表現のようです。

舞台の上に立つのは、若い人に任せて、自分は舞台から下りてしまうわけですが、私は、それこそ時代が変わって、後進に譲るべきは譲りながら、自分も舞台に立つことができるのが、いまだと思っています。

人生100年時代に入り、80代、90代でも現役という人が増えています。いえ、もともといたのかもしれませんが、注目されることが多くなった、というほうが正しいかもしれません。

不思議なことに、60代、70代の人たちよりも、80代、90代の人のほうが元気なような気がします。言葉はおかしいですが、病の峠を越えて、健康の平野に立つことができたからでしょうか?

つまり、80代、90代でも元気な人は、これからの時代の手本となる人です。

たとえば俳優の仲代達矢は現在87歳ですが、舞台の主役を演じています。これはよほど体力、気力、知力が備わっていないと、できる業ではありません。

「年をとったら、あの人のようになりたい」

若い人たちが、そんなふうに思える人が多ければ多いほど、若い人たちも元気になります。

「ああはなりたくない」という人ばかりだったら、生きていても仕方がない、と思ってしまうかもしれません。

その意味でも、80代になっても、元気な姿でステージに上がることが大切です。

私もまた、そう思って、それを実践しているつもりです。

じつは、70代のときには、引き際が大事だと考えて、少しずつ仕事も縮小していこうと考えていました。実際、その準備をしていました。ところが、私はまだまだ元気で、出版していた本もよく売れて、講演やテレビ出演もなくなりません。それが80代まで続いたのです。

そこで82歳で出版社を起ち上げることになるわけです。出版社をつくり、社長になったところで、私は舞台に上がらざるを得なくなりました。いや、舞台を下りられなくなりました。

でも、そのおかげで、90歳を元気に迎えられるような気がします。70代で引退しなかったのは、それが、私の運命でもあり、時代の流れでもあったように思います。

いま80歳になろうとしている方、80歳を超えられた方は、そういう時代に生きているのだということを自覚してほしいのです。

つまり、100歳まで生きて、多くの人々の見本にならなければならない立場なのです。

そうして、舞台に立っていきましょう。

舞台に立つというのは、現役であるということです。

ムリにステージに立つ必要はありませんが、立てる機会があるなら、それを断ることはありません。

これからの人生は、尻込みするより、前に出て行くほうが、だんぜん、トクをします。

コンプレックスは捨てる

「舞台に立ちましょう」と勧めても、必ず、

「私なんて、そんな器ではありませんし、大勢の前では話すこともできません」

という方がいます。結構そういう男女が多いのです。

それこそ、ソンの極みです。

日本人は謙譲を美徳としてきました。私たちの世代は、その習慣が染みついている人が多いともいえますが、時代は大きく変わったのです。

いまどき、おみやげを持っていって、「つまらないものですが」などという人はいません。

「そんなつまらないものなら、いらない」といわれかねないのですから。

おみやげやプレゼントは、自信をもって、「あなたのことを考えて、あなたにいいと思って、選びました」というほうがいいと思います。

それと同様に、自分のことも、自分の仕事も立場も卑下しないようにしましょう。「私なんて」といってしまえば、その言葉通りの「価値のない人」「つまらない人」と思われてしまうかもしれません。

それよりも、「私はこんなことができる」「これをやらせたら、私の右に出るものはいない」というほうが、トクです。

まったくの嘘はまずいでしょうが、多少の誇張は許されます。

なぜ、許されるかといえば、自分で口にしたことは、そうなるように努力するからです。

「嘘から出た真」ではありませんが、自分なりに努力することによって、その通りになる、ということもあるわけです。

私たちは、誰もが、何かしらのコンプレックスを抱えています。

長いあいだ、それにとらわれてきたといっても過言ではありません。

でも、80歳を過ぎたら、もうコンプレックスは捨てませんか?

たとえば、自分の容姿にコンプレックスを持っていた人がいたとします。ところが80歳になったらどうでしょうか。

女性であれば、どんな美人も、80歳になれば年相応になります。男性だって、映画界の美男子も腰が曲がったりするのです。

若い人たちから見れば、たいした差はないわけです。

それどころか、年をとってからのほうがきれいに見える人もいます。

同様に、お金持ちでないことや学歴がコンプレックスだったという人も、80歳になったら、もう、そんなことは関係なくなります。

顔には、その人の人生が出るといわれます。お金や学歴の有る無しよりも、友人や教養の有る無しのほうが大事なことにも気づけるはずです。

コンプレックスなんて持つ必要がないことがわかるでしょう。

季節を感じる

最近、熱中していることは何でしょうか？

何もない？　――それでは、毎日が退屈でしょう。

熱中することがないという人は、毎日をボンヤリと、なんとなく過ごしてしまいがちです。

一方、熱中しているものがある、という人は、じつはそれ以外にも、積極的に取り組んでいるものが多いものです。

両者の違いはどこにあるかといえば、自分の生活、暮らし方にどれだけ目を向けているかにあります。

一日に3度の食事をきちんと摂っている人、それを自分で料理している人は、季節にも敏感です。

「春になって、キャベツが甘くなった」

「今日のおやつはスイカにしよう」

「秋の味覚のさんまでも焼いてみようか」

「今日は寒いから、鍋にしよう」

などなど、その日の食べ物で季節を感じることができます。料理に熱中している人は、それだけでなく、俳句に積極的に取り組んでいる人が多いようです。

季節感を食生活に取り入れるようになって、俳句の世界に入ったという方も多いのではないでしょうか。

俳句には季語が入ります。

たとえば庶民的な、「草餅」「桜餅」「菊根分け」「磯遊び」「石鹸玉」は、すべて春の季語です。

『俳句歳時記』をめくっていると、思いがけない言葉を見つけて、その季節感を知ることになります。

ついでに、その季語を使って、俳句をつくってみるのも楽しいものです。いつのまにか、熱中していたということもあるかもしれません。

昭和の文豪で、『宮本武蔵』などの著作で知られる吉川英治には、「菊根分け」を入れた俳句があります。

知り合いのお嬢さんの結婚に際して贈ったといわれていますが、

「菊根分け　あとは自分の　土で咲け」

という一句です。

吉川英治さんの邸（やしき）は庭が広かったので、自分で菊の根分けをして、増やしていったのでしょう。そのお嬢さんも喜んだのではないでしょうか。

専門外のことも楽しむ

いくつになっても勉強は楽しいものです。

子どもの頃には勉強は苦手だったという人も、大人になってからの勉強というのは、また違うものがあります。

子どものときの勉強は強制と義務ですが、大人になってからの勉強は趣味です。なかには、「仕事で仕方なく」という人もいるかもしれませんが、それでも「仕事」の勉強は実践につながるものですから、少なくとも、勉強する意味は見いだせたのではないでしょうか。

仕事を離れた今は、もう仕事としての勉強は必要ありません。

自分の好きなことを、勉強していけばいいのです。そうなると勉強は、喜び、楽しみになります。

事務職だった人が農業を勉強してみたり、農業をしていた人が書を学んでみたり、ということでもいいわけです。むしろ、そのほうが楽しいかもしれません。

これまでの専門外のことを学ぶことで、自分の専門分野を広げることもできます。私の専門は女性学ですが、いまは魔法学を勉強しています。すると、それによって、新しく女性たちに魔法、魔術を教えるようになれるのです。

それが新たな仕事への道を開くことになるかもしれません。いえ、なるでしょう。

年をとると、「初体験」というのは少なくなっていきます。

なかなか「一年生」として扱ってもらえなくなりますが、新しい勉強を始めると、簡単に一年生になれます。一年生になるというのは、退屈な毎日にそよ風が吹くことで、新鮮で心地よいものです。

第8章

100歳現役を実現しよう

延長された人生を楽しもう

２０１９年7月30日に厚労省から発表されたデータによれば、２０１８年現在、日本人の平均寿命は、女性が87・32歳、男性が81・25歳だそうです。あくまでも平均ですから、平均寿命よりも早く亡くなる方がいる一方で、人生１００年時代といわれる通り、１００歳になっても元気な方もいます。

毎年、9月の老人の日の記念行事として、その年に１００歳を迎える高齢者には、内閣総理大臣からのお祝い状と記念品が届くそうです。

ちなみに、この行事は昭和38年（１９６３年）からスタートしたそうですが、当時の１００歳以上の高齢者は、全国で１５３人でした。平成10年（１９９８年）に1万人を超え、平成24年（２０１２年）には5万人を超えました。そして、

２０１９年9月現在は、住民基本台帳のデータに基づく１００歳以上の高齢者の総数は、7万人を超えています。

１９４０年生まれの人は、２０２０年に80歳を迎えるわけですが、その人たちが23歳の１９６３年には、１００歳以上の高齢者は全国で２００人もいなかったのが、80歳になる今では、7万人になっているというわけです。

これだけ高齢者が増えた理由としては、「医療水準や健康意識の向上などの成果」があげられるようです。

そして２０１９年には、3万７００５人の方が１００歳を迎えられました。厚労省のプレスリリースには、「地域で話題の高齢者」として、日本全国の市町村に在住の何名かの近況を伝えていますが、「話題の」とされるだけあって、じつにお元気に暮らしておられる様子が伝わってきます。

なかには、１００歳でもひとり暮らしで、家事のすべてをこなし、友人との食事やコーラスに、自分の足で出かけていく、という女性もいました。

男性では、趣味に手話、歌、折り紙、そしてパソコンをあげている方もいます。

「１００歳になっても一人で生活できる」「趣味を楽しんでいる」というのは、それこそ理想の姿といってよいでしょう。

誰もがそうなれるわけではないとわかっていても、前例があるということは、私たちがそうなれる確率もゼロではありません。

ともかく人様に迷惑をかけることを、極力少なくして生活することを心がけませんか。そうでないと、１００歳の高齢者は「要らない人々」に区別されてしまいます。

平均寿命は、まだまだ延びていくでしょう。１００歳まで生きることも、もう夢ではありません。ある意味で、人生は延長されているわけです。

１１７ページで、７年後も「元気でいる」と見据えて生きるのがいい、と書きましたが、１００歳までは元気を維持することを想定して、これからの20年を楽しんでいきましょう。

同世代の元気な人を見習う

若々しさを保つには、同世代のお手本を見つけることです。

実際に若い人をお手本にしても、無理が出てきます。

けれども、同世代でお手本を見つけるのは、案外むずかしいかもしれません。同世代の身近な人というのは、いいところも見えるかわりに、悪いところも見えてしまうので、「お手本」というと、「ふさわしくないんじゃないか」と思ってしまうからです。

それならば、上の世代から見つけるのもいいでしょう。

その人が、自分と同じ年の頃には、どんな生活をしていたか、ということを見て、真似(まね)るのです。

私がきずな出版を創業したのは82歳のときでしたが、「はじめに」でも書いたように、それを思い立ったのは、東日本大震災がきっかけで、私は81歳になったばかりでした。

いま改めて振り返ってみると、私の80代は、きずな出版とともにあったといっても過言ではありません。そして、この会社を起こしたことで、私の生活は大きく変わりました。それまでは完全な夜型で、寝るのは深夜というか、早朝5時頃でした。それこそ毎晩というより、毎朝就寝していた、というべきでしょうか。オフィスに出るのは昼前後でしたが、いまでは午前中には出社しています。若い社員とのつき合いも復活しました。

そうした生活の変化があった中で、私がそれまでと変えずにいることは、食事の回数と、その摂り方です。

前でも書いたように、私はよく食べるほうですが、暴飲暴食というのは、まったくしません。お酒も、若い頃から強いほうではなかったので、せいぜいつき合い程度です。

食事の回数は、一日4回、朝昼夕と、そして夜食を摂ります。ランチや夕食の時間は、会議や会合などでズレることはあっても、食事を抜くということはありません。

また、年をとると肉より魚、洋食よりも和食を好む、という人が多いですが、私はどちらかといえば逆で、肉も洋食も大好きです。お寿司かイタリアンかと聞かれたら、イタリアンのほうがうれしいのです。

内臓の病気はこれまでにしたことがないのと、私のまわりで、高齢になっても元気だった人たちには、みな肉が好きだったという共通点がありました。それもあって、私は特に、自分の好みを変えることなく、いまに至っています。

たった一つだけ、同年齢の人たちでも私に及ばないものがあります。それは30代から毎日、コーヒーを3〜4杯飲み続けている習慣です。

近頃ではこれが長寿と関係がある、ともいわれていますが、これを60年近く続けている日本人は、ほとんどいないでしょう。これは私が深夜型の週刊誌編集長だったことによる習慣です。

最近は健康志向の人が多くなりましたが、私の統計では、健康について過度に気を遣う人のほうが、病気になりがちです。

若い頃から栄養剤やサプリを飲みつづけるのは、どういうものでしょうか？　健康に気をつけることは大事なことですが、何事も過ぎたるは及ばざるがごとしで、やりすぎては、生活を破壊してしまいます。

窮屈に暮らしている人より、おおらかに暮らしている人のほうが、長生きなように思います。

自分にあるエネルギーを信じる

「まだまだ、がんばれる」

これがこの本を通じて、あなたに伝えたい一番のことでした。

80歳というと、もう人生の終わりで、自分は衰えていくばかりと考えてしまいがちですが、そうではない、ということに気づいていただきたいのです。

この私を見てください。

出版不況といわれる中で、出版社を80歳を過ぎてから起ち上げて、なんとか、8年目を迎えるところに来ました。

そんなエネルギーが残っていたのかと、自分でも、じつは驚いています。

でも、人間というのは、その立場になってみると、案外できてしまう、ということがあります。

私は新選組副長だった土方歳三（ひじかたとしぞう）のファンです。彼は負けて逃げることを、潔しとしない性格でした。最後には北海道函館五稜郭（はこだてごりょうかく）の防衛戦で、狙撃（そげき）を受けて戦死しましたが、彼は背中を撃たれたり斬（き）られたりすることを恥だと思っていました。私もこの彼の主義を受け継いで、戦いの最中に死にたいと考えています。

ところで、きずな出版の編集長の小寺裕樹は、31歳で編集長になりました。彼はもともと営業の出身で、編集者としての経験は、きずな出版に入ってからで3年に満たないものでした。

でも、彼には「31歳で編集長になりたい」という夢がありました。それは他でもない、私が「女性自身」の編集長になったのが31歳だったからです。その験（げん）を担（かつ）ぎたいと思っていたわけです。

「地を易（か）うれば皆然（しか）り」という私の好きなことわざがあります。これはもともと中国の孟子（もうし）の言葉で、「人はみな、地位や境遇を異にするので、その意見や行為には違いがあるが、その立場をとりかえてみれば、相手の意見、行為も理解でき、することが一致する」という意味です。

つまり、「編集長」になれば、「編集長」のようになっていく、ということです。経験の浅さや年齢の若さを心配して、そんな大役は難しいのではないかと考える人もいるかもしれませんが、私は、「とにかく、やってみろ」主義です。

このことわざは、若い人に、上にのぼっていくときの不安を消すために餞（はなむけ）として贈ることが多いのですが、私は80歳のあなたにも、同じ言葉を贈りたいと思います。

80歳だからといって、心配することはありません。やりたいことがあるなら、それをやるだけのエネルギーは、あるはずです。そのエネルギーがあるからこそ、それをやってみたいと思うわけです。

自分にあるエネルギーを信じて、これからの人生にチャレンジしていこうではありませんか。

異常気象に昔のやり方は通用しない

この10年で大きく変わったことといえば、天災が増えたということではないでしょうか。地震があれば、即刻、ニュース速報が流れ、各自のケータイやスマホにも、その地域の情報が届くようになりました。

令和元年の2019年は、各地で台風の被害があり、被災された方、ご家族や親戚、友人などが被災されたという方も少なくないでしょう。

また温暖化、というより熱帯化しているんじゃないかと思えるほど、夏は本当に暑くなりました。いえ夏だけでなく、2019年の大晦日は、関東地方で20度を超え、冬のあたたかさでは統計史上初となりました。

エアコンのなかった時代はどうしていたのか、と思うほど、エアコンを頼らない日は、ないといっても過言ではありません。

けれども、なかには、「できるだけエアコンはつけない」と決めている人も少なくないと聞きます。その一番の理由は、「エアコンはからだに悪いと思っているから」ということのようですが、その考え方こそ危険ではないでしょうか。

ヒートアイランド現象で、東京の温度は、この100年で、3度高くなっているそうです。ヒートアイランド現象とは、郊外に比べて都市部ほど温度が上昇する現象のことですが、都市部に限らず、このところの夏は、昔では信じられないほど暑くなっています。

時代の流れで、使う道具が変わっても、人間のすることには、それほどの変化はないと私は思っていますが、環境の変化には、対応していく必要があります。

年をとると、これまでの経験から、「自分だけは大丈夫」というふうに思ってしまうことが多いように思います。

でも、このところの異常気象、環境の変化は、かつて私たち日本人が体験していないことです。つまり、これまでの常識は通用しないということです。

寝るときに、エアコンをつけたままにしないほうがいい、というのは、エアコンが各家庭に取りつけられた当時は、そうであったかもしれませんが、いまでは違ってきているわけです。

80歳を過ぎると、30年前のことが、ちょっと前のことのように感じてしまいがちです。それで、そのまま、時代がストップしている人がいます。

でも、30年といえば、子どもが生まれて、その子が親になるほどの時間がたっています。当時の家電と、いまの家電では、性能はまったく変わっています。

2020年は5G元年といわれます。正確には、第5世代移動通信システムといいますが、多くの端末が同時に接続できることで、環境が一変するのです。病院に行かなくても、在宅医療ができてしまうといわれます。

そうした変化を理解して、その時々の環境に合う、正しい使い方をしていきましょう。

自分史を書こう

「いつか自分史を書いてみたい」という人は案外多く、私の文章塾に、そのために入塾される方もいます。

私は、昨年の２０１９年末に、『誰も見ていない書斎の松本清張』という一冊を出版しましたが、これは希有の大作家・松本清張と、最初の担当編集者であった私がどのようなつき合いをしていたかを書いたものです。初期の松本清張先生の作品や、その時代背景についての理解を深めていただく一助になれば、と思って執筆したものでしたが、図らずも、私は自分の駆け出し編集者時代を思い出すことになりました。

そうして気づいたことは、自分の体験を振り返り、それを言葉、あるいは活字として残すというのは、話して聞かせる以上に効果があるということです。

自分の経験というのは、案外、家族には伝えていないことも多いのではないでしょうか。

あまりにも近すぎて、いつでも伝えられると思っているので、あらたまって伝えることをおろそかにしてしまうわけです。

でも、子どもや孫、あるいは友人、知人に、自分のことを知っておいてもらうことは、自分のためにも、それを伝えたい人のためにも必要なことではないかと思うのです。

自分史は、文字通り、自分の生きた証です。

それを書き留(と)め、書き溜(た)めていきましょう。

私の『誰も見ていない書斎の松本清張』は、「自分史」として見ると、その一部に過ぎません。続いて『誰も見ていない書斎の三島由紀夫』を書くつもりです。

こうして私は、また別のかたちで、「自分史」を書いていこうと考えています。

「自分には、書き留め、書き溜めるほどのことはない」という人がいるかもしれませんが、そんなことはありません。そのことを思い出すためにも、「自分史」を書くのです。

書いてみると、自分が多くの人に支えられ、助けてもらっていたかを知ることにもなります。

自分という人間が、どうしてできてきたのか、ということも、その転機を書くことによって、あらためて認識することができます。

せっかく80年生きてきた、その総まとめをしてみることは、私があなたに、ぜひ、やってみてほしいことの一つです。

人生は1割増しで考えよう

前で、「7年先まで元気でいる」という大前提で考えるのがよい、ということを書きました。ここで、あらためて、なぜ「7年」なのかという話をしておきたいと思います。

7年とは、70歳にとっての1割分です。私は人生を「70年」と考えて、それよりも1割増しが、「7年先」だったわけです。

けれども、「80歳」まで生きたら、その1割増しは「8年」です。

これからは、「7年先」ではなく、「8年先」を見ていこうではありませんか。

人生は、後悔のないのが一番です。また、今日まで元気で生きてこられたことには、感謝しかありません。

ただ寿命を全うするだけでは、私は申し訳ないような気がするのです。

せめて、寿命プラス1割増しの分を生きて、その1割増し分で、社会やお世話になった人たちに恩返しをしたいと思っているのです。

つまり、80歳からの人生というのは、すべて恩返しです。

自分に関わったすべての人たち、社会に対して、恩を返すために、これからの人生があります。

どんなふうに恩を返していくかは、人それぞれです。たとえば、健康な日常生活を送るのも恩返しです。病院に入らなければ、その分をほかの人にまわすことになるからです。国も病院もほかの病人も助かります。

恩返しは、苦行ではありません。

楽しみながら、それをしていくのがいいのです。

自分に与えられた人生を、最後まで楽しみ尽くすこともまた、りっぱな恩返しの方法ともいえます。

運命には変化の年がある

私は22歳のとき、芥川賞作家で、占いの天才でもあった五味康祐先生から「地を大切にしなさい」と、教えを受けました。

私の足の裏の指紋がすべて渦を巻いていたからで、天からの恩恵より、土地、地面から受ける恩恵のほうが大きい、といわれたのでした。

以来、私はこの年になるまで、小さくとも常に一軒家に住み、土や地面と密着する生活を送ってきました。またよく歩きました。それが足腰を丈夫にして、健康という幸運をもたらしてくれた、と考えています。

またこのとき先生は、私に「運命変動表」と名づけられた一枚の紙片を渡し、「誰でも運命の変化する年があるのだから、注意するように」と、アドバイスしてくれました。

このときから私は、運命研究に没頭するようになったのですが、この運命変動表は、まさしく私の運命を予言していたのです。一体この小さな表は、誰がつくったのだろう？

その後、勉強、研究を続けるうちに、それをつくったのは、フランスでルイ王朝に仕えた占星術師、キロ（Keiro）だとわかったのです。キロは手相占いの基礎をつくった人物ですが、この運命変動表がどうやって作成されたのかは、伝わっていません。

ただ、じつによく当たります。次ページに表を入れますが、その見方をいえば、「運命数」は「1」から「9」まであり、これは「生まれた日」から算出します。

私は、3月4日生まれなので、「運命数4」になります。

誕生日が「10日」や「25日」など2ケタの人は、二つの数字を足して、「1＋0」で「運命数1」、「2＋5」で「運命数7」となります。

◉キロの「運命変動表」

【運命数の早見表】

[生まれた日] 1日、10日、19日、28日	[運命数1]
[生まれた日] 2日、11日、20日、29日	[運命数2]
[生まれた日] 3日、12日、21日、30日	[運命数3]
[生まれた日] 4日、13日、22日、31日	[運命数4]
[生まれた日] 5日、14日、23日	[運命数5]
[生まれた日] 6日、15日、24日	[運命数6]
[生まれた日] 7日、16日、25日	[運命数7]
[生まれた日] 8日、17日、26日	[運命数8]
[生まれた日] 9日、18日、27日	[運命数9]

【運命の変動年齢表】

［運命数1］7、10、16、19、24、28、34、37、43、46、52、55、61、70

［運命数2］7、11、16、20、23、25、29、34、38、47、52、56、62、70

［運命数3］3、12、21、30、39、48、57、63、66、75、84、93

［運命数4］4、10、13、19、22、28、31、37、40、46、49、55、58、64、67、73

［運命数5］5、14、23、32、41、50、59、68、77

［運命数6］6、15、24、28、33、39、42、51、60、69、78、87

［運命数7］2、7、11、16、20、25、29、34、38、43、47、52、56、61、65、70、74、79

［運命数8］8、17、26、35、44、53、62、71、80

［運命数9］9、18、24、27、36、45、54、63、72、81

※それぞれの運命数には、確率の高い生まれ月があり、次のようになります。

［運命数1］1・7・8月　［運命数2］1・7・8月　［運命数3］2・12月

［運命数4］1・7・8月　［運命数5］6・9月　［運命数6］1・5・10月

［運命数7］1・7・8月　［運命数8］1・2・7・8月　［運命数9］4・10・11月

右以外の月生まれの人は変動年齢にプラスマイナス1年と考えます

「19日」「29日」に生まれた人は、「1＋9」で「10」、「2＋9」で「11」ですが、さらに、それぞれの数字をバラバラにして1ケタにします。

その運命数によって、境遇の変化や事件の起こりやすい年齢がわかります。「変化」には、悪いもの、よいものも含まれます。その人にとって、非常に大きな変化が表れる年、転機の年と考えればわかりやすいでしょう。

この変動表によると、誰でも70代までは変化が起こっています。もっとも遅くまで起こるのが「運命数3」の人で、93歳まで変化があります。次に変化のある人は「運命数6」の人で、87歳まで変化があります。

私の「運命数4」は、73歳以降、変化はありません。しかし、ここで疑問を持つ人もいるでしょう。82歳で出版社を起こしているのに、それはどうなのかということです。

しかし、これはもともと若いときからの同じ道であり、運命変化に当たらない、という解釈もできます。私はこのキロの考え方を受けとめて、いま現在、若い頃から続けてきた、これまで通りの生活をしています。そして、これ以後も変わることなく、いまの生活を継続していけばいいのだと決めています。

つまり、私の場合は、73歳が運命の最終岐路だったのです。じつはこの年に、私を苦しめていたある事件が終わり、再び脚光を浴びだした年でもあったのです。

ただ私の場合は、誕生日が二つあります。実際に生まれたのは3月3日の夜でした。ところが戦争中でもあり、ひな祭りの日に男の子が生まれたのでは、のちのち軍隊でいじめを受けると私の父親は考えて、数時間ずらして、3月4日生まれとしたのです。

仮に3日生まれになると、93歳が最後の運命変化の年になります。もしかすると、この年に引退することになるかもしれません。

おわりに

私たち高齢者にできること

私は手相を少し観ます。あなたも一度は、自分の手のひらの線を、じっと見つめたことはありませんか？

じつは手相占いというのは、その人の前途を鑑定するもので、いつ頃結婚するか、有名になるか、金銭が貯まるか、何歳くらいまで生きられるか、占い師は判断するはずです。

ところが80歳まで生きたら、もう手相を観る必要はなくなってしまうことになります。仮に財運線が出ていても、大金を手にすることは、まず不可能です。有名になる、結婚するといわれても、本気にする人はいないかもしれません。

では手のひらに表れている線は、もうムダなのでしょうか？

私はそうは思いません。年齢を重ねてくると、手の線は非常に強く出るだけでなく、複雑になるのです。ということは、80歳、90歳になっても、まんざら捨てたものではないのです。

結婚は別としても、異性運が出ていたら、積極的に知り合うほうが、運命を強くすることになります。

健康線が小指の付け根のほうに長く伸びていたら、思いきってまだまだ働いてみるのです。働くことで、より深く強くなるかもしれません。

生命線も同様です。手首のほうに伸びるより、頭脳線を突っきって、人差し指の方に伸びている人はいませんか？　私がそのタイプです。

そういう生命線の人は、まだまだ仕事をしてもいいのではありませんか？

これは手相で積極的になれる人の一例ですが、たとえば声が強く出ていれば、少し話術を使った仕事をしてみてはいかがでしょうか？

あるいは、人よりも脚力があれば、ハイキングの会を開くなど、いま現在、自分は何に自信を持っているかを、調べてみませんか？

私は若い頃から大勢の方々と握手をしてきたことで、人様より握手に自信があります。たったこれだけで、私のところに「握手してください」とやってくる人がいるのです。

「握手の方法、マナーを教えてあげますよ」というだけで、若い人たちが行列をつくってくれます。

それでお金が入るわけではありませんが、89歳になろうとする高齢者としては、とてもうれしいし、こちらにも若いエネルギーが入るので、長生きできると、自信を深めています。

これは私の例ですが、あなたにも「得意技」があるのではありませんか？

私の友人は、長いあいだ神社で働いていたので、かしわ手（拍手）の打ち方が絶品です。現在86歳ですが、若い頃とまったく変わらない響きを持っています。

若い人に、神前での手の打ち方を教えたらどうかと勧めたところ、これが評判になって、幅広い年齢層の人たちが集まるようになったそうです。

このように、私たち高齢者でも、若い方々に喜ばれる技術や教養、能力を相当隠し持っている気がします。

べつに隠しているわけではなく、そんなものが若い世代に喜ばれるのか、役に立つのかに自信がないだけだと思うのです。

しかし思いきって、人前で披露してみてはいかがでしょうか。ＴｉｋＴｏｋでもいいでしょう。もしかすると、思いがけなく、喜ばれるかもしれません。

80歳といっても、まだまだ役に立てるのです。それがまた自分の健康のためにもなるとしたら、一石二鳥ではないでしょうか。

著　者

●著者プロフィール

櫻井秀勲（さくらい・ひでのり）

1931年、東京生まれ。東京外国語大学を卒業後、光文社に入社。遠藤周作、川端康成、三島由紀夫、松本清張など歴史に名を残す作家と親交を持った。31歳で女性週刊誌「女性自身」の編集長に抜擢され、毎週100万部発行の人気週刊誌に育て上げた。55歳で独立したのを機に『女がわからないでメシが食えるか』で作家デビュー。以来、『運命は35歳で決まる！』『寝たら死ぬ！頭が死ぬ！』『劇場化社会』『子どもの運命は14歳で決まる！』『老後の運命は54歳で決まる！』『60歳からの後悔しない生き方』『70歳からの人生の楽しみ方』『昭和から平成、そして令和へ 皇后三代——その努力と献身の軌跡』『誰も見ていない書斎の松本清張』など、著作は210冊を超える。

◘ 著者公式HP
https://www.sakuweb.jp/

◘ オンラインサロン「櫻井のすべて」
https://lounge.dmm.com/detail/935/

◘ オンラインサロン「魔法大学」
https://salon.kizuna-cr.jp/wizard-academy/

80歳からの人生の楽しみ方

いまこそ「自分最良」の夢を生きよう!

2020年3月4日　第1刷発行
2022年8月1日　第3刷発行

著　者　櫻井秀勲

発行者　岡村季子
発行所　きずな出版
東京都新宿区白銀町1-13　〒162-0816
電話 03-3260-0391
振替 00160-2-633551
http://www.kizuna-pub.jp/

ブックデザイン　福田和雄(FUKUDA DESIGN)
編集協力　ウーマンウエーブ
印刷・製本　モリモト印刷

ISBN978-4-86663-104-2

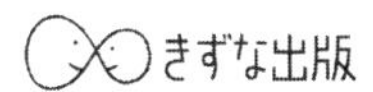